U0666033

让问题产生价值

——心理健康教育职前教师专业发展的叙事研究

许秀芬 著

九州出版社
JIUZHOUPRESS

图书在版编目（CIP）数据

让问题产生价值：心理健康教育职前教师专业发展的叙事研究 / 许秀芬著 . — 北京：九州出版社，2019.12

ISBN 978-7-5108-8545-7

Ⅰ.①让… Ⅱ.①许… Ⅲ.①心理健康 – 健康教育 – 师资培训 – 研究 Ⅳ.① G444

中国版本图书馆 CIP 数据核字（2019）第 270315 号

让问题产生价值：心理健康教育职前教师专业发展的叙事研究

作　　者	许秀芬　著	
出版发行	九州出版社	
地　　址	北京市西城区阜外大街甲 35 号（100037）	
发行电话	（010）68992190/3/5/6	
网　　址	www.jiuzhoupress.com	
电子信箱	jiuzhou@jiuzhoupress.com	
印　　刷	北京亚吉飞数码科技有限公司	
开　　本	787 毫米 × 1092 毫米　16 开	
印　　张	15.5	
字　　数	201 千字	
版　　次	2020 年 3 月第 1 版	
印　　次	2020 年 3 月第 1 次印刷	
书　　号	ISBN 978-7-5108-8545-7	
定　　价	74.00 元	

★ 版权所有　侵权必究 ★

序

　　1966 年，联合国教科文组织和国际劳工组织在《关于教师地位的建议》中首次提出"应把教育工作视为专门的职业，这种职业要求教师经过严格的、持续的学习，获得并保持专门的知识和特别的技术"，此后，世界各国纷纷对教师提出了不同程度的要求，其中一个共同的要求就是教师必须是具有专业化水平的专业人员。进入 20 世纪 80 年代，世界范围内掀起了轰轰烈烈的教师专业发展运动。我国在 1993 年《教师法》中明确规定了"教师是履行教育教学职责的专业人员"，并于 2012 年颁布了《教师专业标准》，从法律要求到政策的专业指引，高度重视和关注教师的专业发展。教师专业发展是一个持续一生的动态发展过程，涵盖了教师专业理念与师德、教师专业知识、教师专业能力三个方面，贯穿于职前、入职和职后三个阶段。遗憾的是，长期以来，提及教师专业发展，大家关注的对象都高度集中在进入职场的教师，殊不知，尚未进入教师职业现场的师范生处于教师教育一体化进程的初始环节，其教师专业发展的意识与水平在整个教师教育一体化进程中起着基础性和引领性的关键作用。换言之，师范生作为职前教师，其教师专业发展水平从源头上决定着我国教师发展的质量。

　　长期身处心理健康教育教学一线的许秀芬副教授敏锐意识到了这个问题，她的《让问题产生价值——心理健康教育职前教师专业发展的叙事研究》一书让我眼前一亮，让我欣喜不已，让我为之一振！我认为，这是国内少有的探讨心理健康教育职前教师专业发展的专著。它讲述了心理学师范专业学生在教师专业发展中的真实故事，我相信这也是每一个心理学专业的师范生身边的故事，看到这些故事时，你的心里肯定或多或少会有所触动，这些故事既是"别人的故事",也是每一个师范生的故事。细心品读,用心体会,你会发现,你其实也在故事中。当你沉醉在故事中难以自拔、迷茫而不知所措时,请带着你的思考和你对教育的深情继续往下看,你会产生顿悟之喜,你会看到心理健康教育的希望,你会看到未来那个最好的自己。

"始生之物,其形必丑。"(《庄子》)本书的精要之处以及明显的不足,相信只有读者细读之后才可以做出判断。我真诚期望本书对心理学师范专业的同学和一线中小学心理健康教师的专业发展有所帮助,同时也希望本书可以激发更多的理论研究者和实践者参与该领域的探讨。

杨晓平

2019.10

自　序

　　随着现代社会发展进程的加快,中小学生心理健康问题日渐凸显,中小学心理健康教育愈发受重视,对心理健康教育教师的要求也就随之增高。1999年8月,国家教育部首次就中小学心理健康教育问题颁发了《关于加强中小学心理健康教育的若干意见》;2002年8月,教育部下发了《中小学心理健康教育指导纲要》;2012年,教育部下发了《中小学心理健康教育指导纲要》(修订版)。这些文件都强调并重申了中小学心理健康教育的专业性和中小学心理健康教育教师的专业化发展问题。可见,想要更好地发挥心理健康教育的功能,最大化地为学生服务,推进心理健康教育教师专业化势在必行。

　　教师专业发展主要强调教师个体由不熟练逐渐成长为成熟的、专业性强的专家型教师的过程,强调教师个体的、内在的专业性的提高,是教师由非专业人员成长为专业人员的过程。

　　心理健康教育教师专业发展是指心理健康教育教师个体的专业知识、专业技能、专业情意、专业兴趣、专业价值观、专业发展意识等方面由低到高,逐渐符合心理健康教育教师专业人员标准的过程。这一过程是漫长的、生成性的,内容也是异常丰富的。《管子·权修第三》记载:“一年之计,莫如树谷;十年之计,莫如树木;终身之计,莫如树人。一树一获者,谷也;一树十获者,木也;一树百获者,人也。”因此,教师专业成长的过程也非一朝一夕就能实现的。教师专业发展是教师职业专业化后,教师职业从入职前的教育培养、入职培训和职后研修等方面得到的提升。同时,从广义“教育”的本质入手,教师专业发展的过程又有生成性、生活化等特点,尤其是心理健康教师,其自身的成长、学习经历直接影响到他日后的专业化程度,而使用传统量化研究的方式不一定能生动、全面地展示教师专业发展的全貌。因此,本书试图依据刘义兵教授等人关于教师专业发展的"三段五级"的划分,从师范生职前教育中存在的问题入手,阐述如何从一个心理健康教育的准教师逐渐成长为能手教师甚至专家型教师。

在本书的写作过程中,作者不仅参阅、引用了许多国内外相关文献资料,而且得到了学院领导、同事和同行好友以及许许多多本专业学生的支持与帮助,在此向他们表达诚挚的谢意!由于作者水平有限,本书的内容还存在许多不足之处,敬请同行专家以及广大读者批评指正,我将虚心听取意见和建议,不断努力改进和完善。

作　者
2019 年 10 月

目　录

第一章 绪 论

第一节 问题聚焦

2009 年,我从师范院校毕业进入高校开始作为一名专职教师承担心理学本科生的专业教学工作,其中两门教师教育类课程便是《心理健康教育课程与教学论》及《学科教材教法》。随着教学工作的开展,我陆续接到学生的反馈:仅仅依靠课堂教学不能很深刻地理解心理健康教育课与学科课程的不同,听了理论仍然不知道课该怎么上。同时,实习过程中学生遇到的困惑和提出的问题也越来越多,"实习第一天就有学生来找我咨询,我却不知道从哪里入手""第一次上课就有学生给我下马威,心里一下就慌了"……这让我开始思考我们的师范生培养与基础教育阶段的需要衔接是否够密切?毕业的学生是否仍然走在心理健康教育工作的道路上?他们的专业成长是否顺利?基于这些问题,我开始思考心理健康教育教师的职前专业成长与发展。

教师专业发展是指教师在教育过程中,通过持续的各类专业培训,提升专业素养、形成专业道德、改善专业技能的过程,这是成为一名成熟和优秀的教育工作者所必须经历的过程。自 20 世纪 60 年代美国学者富勒提出教师专业发展阶段理论以来,国内外学者从不同的学科视角、运用不同的研究方法,对教师专业发展的过程及其规律进行了研究,形成了各种不同的观点,其中美国约翰·霍普金斯大学的费斯勒教授借用社会学的研究方法于 1985 年提出了一套动态的教师生涯循环理论,将教师的发展分为职前期、职初期、能力建构期、热情与成长期、职业挫折期、职业稳定期、职业消退期以及职业离岗期八个阶段。其中,职前期是某一特定专业角色的准备阶段,通常是指在学院或大学里的初始培训阶段,也包括教师为扮演新角色或承担新任务而接受的再培训,这种培训可以是高等教育机构的培训,也可以是工作环境中的教职工培训。此外,费斯勒还将教师的发展回归到教师的现实世界中,分析了教师在应对来自个人环境和组织环境两方面影响的过程中职业生涯的动态发展。他将所有影响教师专业发展的因素梳理为两大方面:个人环境因素与组织环境因素,其中个人环境因素包括家庭因素(Family)、积极的关键事件(Positive Critical Incidents)、生活的危机(Crisis)、个人的性情与意向(Individual Dispositions)、兴趣或嗜好(Avocations Interests)和生命阶段(Life Stages);组织环境因素包括学校的规章(School Regulations)、管理风格(Management Style)、公共信任(Public Trust)、社会期望(Societal Expectations)、专业组织(Professional Organizations)以及教师协会(Unions)。中国台湾学者王秋绒将教师的发展分为师范生、实习教师和合格教师三个阶段,每一个阶段又分为三个时期。其中,师范生阶段即职前师资培育阶段,这一阶段又分为一年级的探索适应期,二、三年级的稳定成长期和四年级的成熟发展期;实习教师阶段又可分为蜜月期、危机期和动荡期;合格教师阶段则包括新生期、平淡期和厌倦期三个时期。内地学者刘义兵教授依据教师教育的表现形式和教师专业发展的能力差异,认为教师的发展从总体上来看呈现了"三段五级"的特点:三段是指教师的师范生职前教育、新教师入职教育和教师职后教育三个阶段;五级是依据教师能力发展水平的不同将教师的发展划分为准教师、新手教师、熟手(胜任型)教师、能手教师和专家型教师五个水平等级。

师范生,即作为未来教师的准教师,其专业伦理的发展水平在教师专业化持续发展进程中起着基础性和引领性的关键作用。

师范生的教师专业伦理是指师范生以准教师的身份,实践育人为本、遵循教育教学规律、服务教育事业,不断追求作为卓越教师的自觉意识、态度、情感、信念、价值观及其规范和行为准则。师范生作为未来的教师,在读期间便建构起源自内心的教师专业伦理信念与规范,是体现教师的专业化培养要求、实现教师持续性专业成长的自觉追求和必然要求。尤其是 2012 年教育部颁布了《小学教师专业标准(试行)》和《中学教师专业标准(试行)》,本着"师德为先、学生为本、能力为重、终身学习"的理念,分别从"专业理念与师德""专业知识"和"专业能力"三个维度确立了四至六个不等的领域,在每个领域中,又提出了三至六项不等的基本要求,这些要求就构成了高等师范院校培养师范生的准则与依据。

与费斯勒的观点一样,国内学者也认同教师专业发展不但受到个人环境因素与组织环境因素的影响,同时也是社会环境与教师个人发展需要的体现。尤其是近年来,随着我国社会和经济的发展,城市化和互联网化带来的工作、生活压力,我国教师的心理健康水平整体呈逐年下降的趋势,特别是抑郁、焦虑、偏执等方面的问题日益严重,而且中小学教师的心理状况与一般国民群体相比还要差一些,小学教师心理健康状况更差。在学生群体上,中国 17 岁以下儿童和青少年中至少有 3000 万人受到各种心理问题的困扰,如抑郁、焦虑、强迫、厌学、网络成瘾、自杀自伤等,如果不及时发现并有效干预,许多问题会延续到成年。所有这些都提示我们:心理健康教育队伍需不断加强,心理健康教师队伍的专业化程度应大力提升。

其实早在 1999 年,教育部发布的《关于加强中小学心理健康教育的若干意见》(以下简称《意见》)一文中,就可以看到教育系统提出的一系列建设心理健康教育队伍的师资与条件的要求。《意见》中提道:"积极开展提升心理健康教育教师专业能力的各类培训""心理健康教育教师的专业培训应被纳入师资培训计划。"同时,也对从事心理健康教育的教师提出要求:"从事心理健康教育的教师应该具备进行心理健康教育所需要的专业知识和能力，还应获得相应的师资认可证书。没有相应的能力和专业知识的教师，不能安排做心理咨询或心理辅导工作，没有人员资格匹配的心理健康教育教师的学校也不能开展心理健康教育"。2002年，教育部又颁布了《中小学心理健康教育指导纲要》，其中明确指出"提高心理健康教育工作队伍能力的重要指标就是提高师资队伍建设"，甚至明确提出中小学心理健教育工作者的编制职称评定都可以纳入学校范畴和其他专业一起安排。2010年，教育部又颁布了关于组织实施国培计划——中小学心理健康教育骨干教师培训项目的通知，旨在通过这一培训，帮助教师学员更新心理健康教育理念，优化知识结构，提高中小学生心理健康教育能力和水平，增强自我心理调节能力和学生心理危机干预能力，从而继续提升心理健康教育工作者的专业发展，加强中小学心理健康教育教师师资队伍建设，推动我国中小学心理健康教育工作长效、有序地进行。该计划是一项针对提升心理健康教育教师专业能力的培训计划，国家投入力度大，培训持续时间长，培训内容多元化。通过培训，帮助参与者更新教育理念，优化知识体系，使教学能力得到了极大提升。国家这一项计划的启动与执行，更加说明了对心理健康教育教师专业发展的重视。

从个人发展的角度来看，首先，心理健康教育教师专业发展是心理健康教育工作专业化的前提和保障。心理健康教育工作的专业性非常强，在学校尤其是中小学从事心理健康教育工作，并不是单纯地进行心理健康知识的传授与学习，而是对个体的认知、情绪和行为等进行全面引导与矫正，这就意味着心理健康教育教师不仅需要具备丰富、专业的理论知识，还要有过硬的实践操作能力。因此，要开展好学校心理健康教育工作，对心理健康教育教师专业发展的关注与投入是必须且持久的。其次，心理健康教育教师专业发展是教师个人追求自我实现需要得到满足的过程。在这个过程中，心理健康教育教师将自我的专业知识、能力、情感、态度价值观等逐步提升，专业综合素养向高标准靠近。因此，心理健康教育教师专业发展也是自我实现的主要途径。

区别于一般学科课程的准教师,心理健康教育专业的师范生在初入学时对心理健康教育的专业知识知之甚少,甚至有些是仅凭好奇就选了该专业,对心理健康教育课程的实质并不了解,更谈不上把握心理健康活动课的实质来设计相应的心理课程。为了构建教师专业标准体系,建设高素质专业化教师队伍,《中小学教师专业标准(试行)》明确提出教师专业能力由教学设计、教学实施、班级管理与教育活动、教育教学评价、沟通与合作、反思与发展六大部分构成。在教师发展中,教师专业能力的发展是教师职业走向教师专业化的质的规定性,重视教师专业能力训练,可以从根本上改变传统师范教育中重理论轻实践、重学科专业知识轻学科专业实践能力的弊端,实现真正意义上的教师专业发展。因此,仅靠准教师阶段学习的各种教育理论在教育实践中会显得"苍白无力",面对复杂多变的课堂教学、学生形形色色的心理问题,师范生往往感觉"力不从心",甚至是"束手无策",由此产生认知冲突,从教动机下降。若学生的这些问题得不到解决,面对的困难得不到有效的克服,实习期完成以后,师范生可能会重新评估自己,以致对教师工作产生畏惧心理或者失去信心,甚至准备离开教学领域。

第二节　方法选择

近年来,随着研究方法的多元化发展,质性研究日渐兴起,叙事研究也越来越多地被应用于教育教学领域。"叙事"就是讲述、叙述事件。美国叙事学家伯格认为,叙事现象无处不在,我们每个人都生活在叙事之中;洛朗·理查森也主张:叙事是人们将各种经验组织成有现实意义的事件的基本方式……叙事既是一种推理模式,也是一种表达模式。人们可以通过叙事"理解"世界,也可以通过叙事"讲述"世界。目前,国内许多学者也都运用叙事研究的方法展开了一系列的研究,如华东师范大学丁钢教授、华南师范大学刘良华教授、上海师范大学黎加厚教授以及广西师范大学王枬教授等都推出了一批精彩的教育叙事研究的成果。当前,教育领域已对教师专业发展的连续性、终身性和一体化达成了共识,在这种理念引领下,在教师职前教育阶段就要求学生树立终身学习的观念;教师教育的内容也要科学化,以适应科学技术和社会发展的需要;同时,要实现教师在职培训与职前教育的一体化,教师教育不仅要关注教师的职前培养,而且也要关注教师的在职培训,综合教师的培养、任用和培训,完善教师培养制度,从而促进教师专业发展。在这一背景下,对教师专业发展的教育叙事研究不但可以把目光放在中小学校园里的在职教师身上,他们的成长故事还可以延伸到入职前的大学校园甚至更早隐阶段。

教育叙事研究深受欢迎的原因之一在于在研究的过程中,它所致力的不再是抽象的、普遍的原理性概括,而是通过一个个真实的教育故事的描述,去追寻教育参与者的足迹,在倾听教育参与者内心声音的过程中发现教育事件中隐含的价值和意义。当下,教师职业的专业化发展已然成为追求均衡、优质教育的关键与重点,对教师专业成长的探索也在逐渐从单一的外显行为探究过渡到兼顾内在专业自主成长探究上,在真实情境中探寻教师的专业成长也越来越成为一种大趋势。因为"在人的身上,有许多用理性、知性与道理无法说明的东西——是一种非理性的、却实实在在能感觉到的东西"。教育叙事研究是以研究者或参与者的教育故事作为研究内容,通过体验式的、参与式的研究方法来还原真实的教育情景,在体验和表达中更丰富、更深刻地理解教育生活,其意义在于通过经历、讲述、再经历和再讲述生活经验来重构经验故事,诠释和解读经验意义。可见,教育叙事研究是叙教育之事、叙有意义之事、叙真实之事。教师专业成长的生成性和丰富性决定了对这一问题的探讨选择教育叙事研究是最为适切的。Villegas-reimers 提到教师专业发展是一种长期的过程,包括定期的机会和有系统设计的经验,提升教师的成长与发展;

吴俊宪在综合 Guskey、陈美玉、潘慧玲、饶建维等专家学者关于教师专业发展的看法后,也总结出教师专业发展具有始自教学自主、关注学生学习、强调组织变革、透过省思回馈、持续不断五个特征。可见,教师的专业成长更是与他们自己的成长故事、入职前后的心路历程交织在一起的,探究他们的专业成长过程就离不开深入他们的生活、倾听他们的故事。

心理健康教育教师的专业属性决定了分析他们的专业成长尤其需要如此。心理健康教育的目标是提高学生的心理素质、促进学生人格的健全发展,而实现这一目标的前提便是有心理素质过硬、人格健全的心理健康教师。换句话说,每一个心理健康教师的专业程度都直接影响着学生心理素质的发展甚至其潜质的开发。教育叙事研究尊重每一名教师个体的独特性,旨在分析、解释甚至是体验每一"个"的"个性",尊重每一"个"存在的现实性、可能性或必然性,在研究过程中更注重研究对象的生活体验,更在意研究对象对这些故事的教育意义解释。因此,可以"通过有关经验的故事、口述、现场观察、日记、访谈、自传或传记甚至书信及文献分析等,来逼近经验和实践本身"。本研究中主要运用的收集资料的方法有访谈法、问卷法、课堂观察法以及作品分析法。在对现状进行摸排分析时大量采用了访谈法、问卷法和现场观察法,访谈及问卷调查的对象包括在校的应用心理学本科生、实习学生、已就业本专业学生、其他在职的专兼职心理教师以及基础教育阶段教学管理人员和部分学生家长,目的在于多渠道、全面、真实了解中小学心理健康教育开展的现状并掌握心理健康教师专业成长中存在的问题。由于教师的工作岗位主要在中小学课堂上,教师专业发展的需要也是在学校教学和课堂实践中产生的,中小学应该而且也必须成为教师专业化进程中的重要基地,并发挥应有的作用。在职教师专业发展的主阵地在学校,对于尚未入职的准教师的专业发展来说同样如此,只是这里的学校不但包括大学校园,还包括其进行教育实习、践习训练的中小学校园。深入中小学课堂观察师范生的教学表现、管理应对,可以直观体验他们的情绪变化,即时倾听他们的心声,此时,我是"观察者";大学校园里,给师范生课堂授课、线下指导、带队实习,我是"体验者""展示者";回到家思考、整理资料并进行分析、组织,我是"叙述者"。不同的叙事情境,同一个叙事目的:通过生动的情境,真实呈现每一个被调查到的心理健康职前教师或在职教师的专业成长历程,并由此思考当中蕴含的教育意义,以期引发对中小学心理健康教育教师专业成长的深入思考。

第二章 怎么办?

第一节 问题及原因

一、"老师,我该怎么办?"

"许老师,这边老师都说是因为有留守儿童我们才有工作的,不然怎么会招我们?!说得我们好难受呀!"2016年春节前夕,在与学生交流时,一名刚毕业签约了特岗中学心理健康教育教师岗位的学生如是说。听到学生的话,我心里也泛起一阵酸涩,联想起不久前另外一个刚就业的学生遭遇自己带的中学生自杀时的慌乱和求助时的无力感,心里更是五味杂陈。从2009年承担《心理健康教育课程与教学论》这门课程以来,经常会有在校或已毕业的学生问到几个类似的问题:"心理学专业知识深奥难懂,完全联系不上实践,我该怎么办?""老师,下午我要接第一个个体咨询,好紧张,我该怎么办啊?""许老师,我是我们学校招进来的第一个心理老师,校长让尽快交一份心理咨询室建设方案,我该怎么办啊?""许老师,领导让我给全校的老师们做一场教师心理健康的讲座,我要从哪里入手、讲些什么、该怎么讲呢?""领导让我暑假里开发一本心理学的校本教材,开学后就交上,我该怎么办呀?""毕业三年,我都上了三年小学数学了,很想上专业课学校却不给排,心里苦闷极了,我该怎么办?"太多的"怎么办"让我开始思考:我们的学生毕业后所处的是怎样的专业成长环境？他们究竟为什么会有这些困惑？作为他们专业学习引路人的我们可以做些什么？作为中小学心理健康教育教师的摇篮，培养他们的高等学校又可以做些什么？他们又该从哪些方面、通过哪些途径提升自己？

比利时哲学家米歇尔·梅耶等人认为：哲学应该关注问题的形成或是提问本身，而不是问题的解决和答案，即采用问题学[1]的方法。因此，从哲学的角度看，要回答学生的这些问题，还要从分析这些问题本身找线索。于是，在听取了学生越来越多的"怎么办"后，2017年春季学期开学伊始，我立即组织当时正上《心理健康教育课程与教学论》的学生对当时在校的本学院所有应用心理学专业学生进行了半结构访谈；同时自己开始主动联系已就业的2007—2012级学生，了解他们的工作情况。终于在一周后，我在志忎中看到了在校调查的大概情况：

在对大一年级（2016级）进行的32份问卷中：25人是第一志愿报考本专业被录取，7人属于被调剂；对于是否喜欢心理学专业这个问题，有18人表示喜欢，4人表示还好，2人表示不确定；普遍反映的问题是：感觉就业范围狭窄，本科就业困难；心理学专业深奥难懂，枯燥，目前课程设置偏理论，理论无法应用在实践上。

大二年级（2015级）的40名学生中，26人表示喜欢本专业，4人不喜欢，另有10人表示还好；本专业第一志愿录取的有24人，16人属于调剂；在对待专业课程的态度上，大部分学生认为并不能将理论与实践相结合，不能考取本专业教师资格证，所以普遍对专业不太重视。同时，学生提出图书馆专业相关书籍少，对心理学就业岗位不了解，专业课课时少，但考试内容多，理论抽象、繁杂，极大削弱了对专业内容的兴趣。在提出自己专业学习中的疑惑时大部分学生问道：去学校应聘心理老师应该准备些什么？他们顾虑自己没有资深的经验，不能很好地从事本专业。

在接受调查的36名大三年级（2014级）学生中，第一志愿报考本专业的有30人，调剂的6人，其中17人表示很喜欢本专业,其他 19 人均表示还好。在对专业课程的态度和问题上,普遍反映课程内容理论太多实践太少,没有本专业教师资格证就业受限,感觉没前途。近一半学生反映不了解本专业就业方向,感觉迷茫;1/5 学生反映课程安排不合理,个别老师上课不负责导致部分学生有厌学情绪。绝大部分学生认为自己真正掌握的专业知识和技能太少,加上社会对心理学的接纳程度本身偏低,本专业就业机会少,报考其他专业教师又竞争不过相关专业人员,因此对就业极度担忧。

访谈到的 31 名大四学生(2013 级)反映,本年级 87 名学生共 16 人参加了考研,其他学生均正积极备考公务员、选调生、事业单位与特岗教师招考。鉴于顺利毕业时能拿到高中心理健康教育的教师资格证,绝大部分学生的就业定向为中小学心理健康教育教师。

梳理完在校学生的问题,我心情颇为沉重,就业前景及当下的课程设置似乎在很大程度上影响了这些准教师们的从业热情。为了比较全面地了解已进入教育系统就业学生的专业发展状况和困惑,2018 年我又设计进行了包含十道题目在内的开放式调查,通过在线访谈和自述、电邮等方式进行,具体内容如下:

(1)你是以什么专业职位(名称)应聘入职的？你所在学校的名称是什么？

(2)入职后上的什么课程？

(3)是否从事与心理学专业有关的工作？具体是什么？

(4)中小学心理健康教育中存在的问题有哪些？

(5)自己在工作中存在哪些问题、有哪些困惑？

(6)在专业发展中存在哪些困惑？

(7)自己在工作中有哪些收获或优势？

(8)认为现在的中小学心理健康教育最需要什么？

(9)最想在哪些方面提升自己？

(10)自己将来的具体规划是什么？如是否继续从事心理健康教育或其他学科教学,是否考虑其他工作等。

调查发出后共回收有效问卷38份,分别涉及2009级16名、2010级4名、2011级3名、2012级13名、2013级2名已就业学生。通过内容分析列举词条,然后统计每个词条在 38 个样本中出现的频数。在应聘入职的专业职位(名称)问题上,38 名学生均是以"心理健康教育教师"的身份入职的,属于专业技术岗。入职后所上课程统计如下:

表 1 入职后所承担课程及其频数分布

课程名称	频数
小学语文	8
小学数学	6
小学英语	1
小学道德与法治	1
小学体育	1
小学音乐	1
小学品德与社会	1
小学心理健康教育	3
初中语文	3
初中数学	2
初中历史	6
初中政治	1
初中物理	1
初中生物	1
初中思想品德	2
初中心理健康教育	6
高中综合实践活动课	1
高中心理健康教育	2
中职心理健康教育	2
旅游心理学	1
消费者行为学	1

调查显示,38 名学生入职后所承担的课程涉及 21 门,其中只有 4 人专门从事心理健康教育工作,24 人除了所承担的学科课程外兼顾一些与心理学有关的其他工作,如在"留守儿童之家"承担留守儿童的各项工作;10 人完全没有从事与心理学相关的任何工作。学生反映的中小学心理健康教育中存在的问题主要有:学校、家长对心理健康教育认识不足,所谓的重视只停留在口头,没有政策、经费、师资、办公场地等条件支持,导致学生对心

理健康教育知之甚少,即使有了心理困惑也找不到求助对象或途径;心理健康教育课没有落实到课程安排中,学校心理健康教育只有备查的纸质材料,没有教材,没有实施过程。

自己在工作中存在的困惑及问题集中表现为:(1)对心理健康教育有很多想法却由于环境、领导的不重视无力落到实处,导致自己的工作热情受到打击;(2)被安排从事学科教学后需要重新系统学习学科知识,从而导致自己的专业知识日趋匮乏甚至逐渐遗忘;或所从事工作不以心理健康教育为主,容易被其他工作掩盖,从而忽视了或没有足够时间做此类工作,即使去做也没有充分的准备,所以达不到较好的效果,久而久之导致工作经验积累不足,进步较小;(3)由于自身专业知识不扎实、对理论知识与当下工作的结合熟悉度不够,加之实践机会少,经验不够丰富,导致遇到突发状况不能采取更有效的处理措施,或不能做到为大多数学生快速解决烦恼,从而产生挫败感;(4)对如何平衡政教管理人员角色和心理健康教师角色感到困惑;(5)工作后几乎没有学习、进修机会,而同行老师似乎大家水平都差不多,没办法在交流中获得明显的成长,自己的困惑得到了有效解决,这也加大了面对学生心理问题时的实际操作难度;(6)心理健康教师评职称太难,对专业发展感到迷茫。个别专门从事心理健康教育工作的学生普遍反映实践技能欠缺,很难在短时间内全面把握学生的真实情况进而进行针对性教育,业务水平提升慢。

开展心理健康教育工作的学校中发现学生存在的问题,小学阶段集中表现为:(1)缺乏学习动力甚至厌学,不知道为什么学习,尤其是留守儿童会拿学习与父母谈条件;(2)人际交往上存在沟通问题,尤其是与父母的交往矛盾颇多;(3)很多学生性格偏激、倔强,或自私,尤其是得不到父母关爱的孩子会故意滋事以引起成人关注;(4)从众现象严重,导致高年级校园暴力(打架)现象频发;(5)过度使用手机,网络游戏成瘾严重;(6)特殊群体,如离异、单亲、留守家庭中的孩子问题突出且复杂。中学生的问题主要表现为:(1)早恋现象普遍存在,性取向问题需要引导;

（2）太强调以自我为中心，与家长沟通问题严重，缺乏与他人交往的技巧，校园暴力事件层出不穷；（3）学习困惑多：不理解为什么学习、学好有什么用；学习动机不强；（4）从众现象严重，跟风打游戏或谈恋爱，缺乏学习意识和学习的主动性。

汇总被调查学生的观点发现，近八成学生认为当下的中小学心理健康教育最需要的是全社会对心理健康教育工作的重视和支持，学校能严格按照国家和教育主管部门的文件规定开展工作、安排课程；同时招聘专业教师从事心理教学任务，把关注学生心理健康放到实际工作运行中；安排专职教师进行定期培训学习，提高业务的专业水平。几乎所有受访学生都表示最想在专业知识、实践操作技能以及教学方法上提升自己；部分学生希望在与家长的沟通能力、班级管理能力和科研能力方面得到帮助。关于将来的具体规划，近九成学生表示愿意继续从事心理健康教育教学工作；但大部分特岗招聘学生也同时表示，想待特岗期满后考到环境（物理环境或文化环境不明确）更好的学校继续任教或特岗期过后准备再考其他单位。特岗期间打算不断学习、实践，尽力争取在学校中能够发挥自己专业特长，为自己找机会上课、做团辅和个别咨询；争取机会出去进一步进修，提升自己，尽最大努力用实际行动证明"心理健康课不是摆设"，最后能使学校达到自己理想的心理健康教育的氛围和状态。由调查结果可见，心理健康教育专业的学生就业后的专业发展并不太顺利，面临的问题及困惑引人深思。

二、"心理课就是安排这样一些游戏带学生们玩呀！"

机缘巧合，2017年正当我为学生的问题困惑之际，由遵义市教育局举办的首届高中心理健康教育教师教学技能比赛拉开了帷幕，而我有幸作为评委参加了自此之后举办的连续三届比赛。近70节课，不足1/3的专业老师，1/6不到的专职老师，每次的赛课听下来心情都并不美丽。尤其是在第一次赛课后与一位老师的深入交流中听到的一句话更是让我印象深刻："心理课就是安排这样一些游戏带学生们玩呀! 学生们玩得开心就行了!"这位参赛老师的话正折射出在相当一部分老师的观念里,心理健康课就是一门"耍耍课",所谓课程设计无非就是找一些游戏带着学生们"玩",只要学生们玩高兴了、氛围热闹了,课也就算上得成功了。这样的认知反映出哪怕是正承担着各自学校心理健康教育的老师都对心理健康教育课的理解存在着很大的误区,由此猜测:没有涉及心理健康教育工作的老师甚至学校对心理课的认识是否误解更深? 带着这些问题,我又和2015级应用心理学的部分学生开始深入到贵州省的各中、小学进行听课、访谈,展开田野调查。

在所走访调查到的学校中,就观念而言,对心理健康教育不够重视或直接忽略了学校心理健康教育在学生全面发展中的作用的学校比比皆是。甚至相当一部分教师认为,心理健康教育只是针对有心理问题的学生的,大部分学生都不需要;况且心理健康教育也不纳入考试加分,开展起来实在多余。针对心理健康教育最直接、最有效的形式——心理健康教育课程,很多学校认为既"浪费"了学生学习提高分数的时间又浪费了教师资源,索性不用招专业教师,甚至不用开课。因此,开展的心理健康教育也只是以简单的每学期一次的讲座、视频或讲话等形式进行,远没有达到解决与预防心理健康问题的目的。作为承担了学校心理健康教育工作的老师,对心理健康教育认识不科学的表现集中体现在三种倾向上:形式的表演化倾向、活动的单调化倾向以及游戏的过热化倾向。结合赛课中老师们的普遍表现来看,许多老师把心理健康教育课设计成了一个活动接着一个活动的"表演课"。一节课下来看似热闹非凡,但活动设计的目的、活动间的关系却逻辑混乱。诚然,心理健康教育课在本质上是活动课,是以活动为载体而进行开展的,其目的是让学生在活动中体验与感悟,以更好地达到促进其知、情、意、行全面发展的目标。但心理辅导课的活动不是"为了活动而活动",不是活动越多就一定效果越好。

任何一个活动或教学方法的使用都是为教学目标的达成服务的，花架子太多难免喧宾夺主，使得课堂看上去很热闹却不一定能达到预期教学效果。同时，心理健康教育活动应当是系统的，而不是单一的。活动的内容应该根据学生心理发展特点和实际情况而不断完善，在不同主题活动开展中也应当注意活动的系统性。例如，"同舟共济"活动能让学生认识到团结协作的重要性，但对学生而言，仅仅认识到重要性是不够的，更需要关注的是如何进行协作，尤其是在实际生活场景中怎样进行合作。因此，在开展"同舟共济"活动后可以开展另一个更深入的活动让学生在理解、体会的基础上掌握具体协作的方法。在听课过程中还发现一个值得注意的问题，那就是大部分年轻教师尤其是心理健康专业年轻教师的课堂秩序稍显混乱，老师在组织教学上显得较为无力。结合调查我们认为，造成这种情况的原因可能是由于观念上的不重视导致各校心理健康教育课程开设形同虚设，老师们缺少上课的机会，以致实践经验少，被指导、进步的机会更少。

调查中我们还发现，当前心理辅导活动课的开展情况令人担忧。大部分学校由于不太重视心理健康教育，并未将其纳入课程。在纳入课程的学校中，又存在以下四种情况：一是只针对某一个或几个年级开课，覆盖不到所有学生；二是将心理辅导活动课与班团活动一起进行，心理辅导活动属性界定不清；三是心理辅导活动课合班进行，3、4个班一起上，频率近乎每月一次；四是，在心理健康教育课程的教学中，由于专业教师的短缺，很多学校只是根据课本上的内容进行照本宣科式教学，或为学生讲一些浅显的道理，为了完成任务而开展教学活动，把心理健康活动课上成了学科教学课。也正是由于系统地、连贯地上心理健康课的机会少之又少，从而导致参赛老师们对心理健康课的把握不够准确，专业化水平整体不高。

三、我们的专业设置是否存在问题？

面对在校准教师的迷茫、困惑和在职心理健康教师的专业发展困境,作为引领他们专业成长的师范高校,我们也开始思考:为什么我们的学生有这么多问题和困惑? 我们的课程设置是否完全体现了《中小学教师专业标准》在"专业理念与师德""专业知识"和"专业能力"上的具体要求? 就"专业能力"要求的达成而言,在课程设置上是否也存在传统师范教育和教师教育"重理论轻实践"的倾向? 学生在校期间的践习机会是否较少从而导致实践锻炼不够? 尤其是在把握学生已达到的毕业水平和现行基础教育所需要的人才要求上是否存在偏差? 为了找到这些问题的答案,我们在深入基地学校调研的同时,也着手从 2011 级实习生开始系统收集他们在实习中遇到的具体问题以及他们实习后的感受。部分学生代表实习反馈展示如下:

2011 级张素银

我所实习的学校是一所新办不久的高中,虽然办学设施都很完善,但是这里没有心理老师、没有心理咨询室。学校有计划要办心理咨询室,准备了布置心理咨询室的房间,并且在我还没有来到这所学校之前就已经准备好了箱庭疗法所需的整套沙具、沙架,用于放松训练的放松椅,用于情绪宣泄的不倒翁等。所以刚到学校报到,学校首先就要求我把心理咨询室给设计出来。由于我只看到过两家真的心理咨询室和课堂上所学的设计心理咨询室的原则,没有真正地去实践过,所以在这期间我遇到许多问题。首先,学校准备拿来作为心理咨询室的房间太宽、太高,给人空荡荡的感觉,这就与书上说的个体心理咨询室的面积应在 10 ～ 15 平方米有了冲突,但是屋子不能变,所以我得想别的办法应对;其次,学校只准备了两间屋子,并且还要求有办公的地方,但是他们买的器材却并不适合放在一起;再次,学校要求我把所需的东西列出来并做出预算,但是由于我不清楚装修所需的材料与需要采购东西的价格,所以只是罗列了购置清单;最后,由于这所学校没有专业老师指导我的实习,学校也没人给参考意见,只是说

"你才是专业的,所以你决定就好",所以导致所有问题我都只能请教大学里的专业老师。也是在面对这些问题的时候我才清楚地意识到,自己不知道的东西太多了,实践比理论要难,没有坚实理论支撑的实践更难!

心理咨询室设计好之后就有学生来做咨询。但由于咨询课上所学的技术并没有亲自实践练习,我也就只能做一个倾听者,并不能给他们进行更多很好的指导。虽然问题很多,但还是有点小进步。比如以前我胆子小,人太多时我不敢上台更遑论很自然地去讲课。但是在这里实习后我可以面对着几百学生给他们做一个小小的心理讲座。因此,我也很感谢学校给我机会锻炼自己。我个人觉得在实习期间,能力和态度都很重要。我的实习指导老师告诉我:"事情做的好不好不是最重要的,只要你用心、尽力去做就好。"不过除了要有良好的态度,还需要有扎实的专业基础知识和一定的专业能力充实自己,并在实践中发挥出来,这样才能让老师、学生们发现其实中小学生是很有必要进行心理健康教育的,从而引起学校领导的重视,这样在实习过程中才能更容易地展开与心理健康教育相关的工作。

总之,实习中遇到的问题有:(1)学校整体不够重视;(2)自己专业知识不够扎实,实践经验缺乏,遇到突发状况时应变能力不强;(3)心理素质有待提升,有老师听课时,放不开特别紧张。但经过几个月的实习,让我更加热爱教师这个职业,也愿意今后从事教师这一职业。教师是一个高尚的职业,但打铁还需自身硬,要想做好心理健康老师,需要做好以下几点:首先,需要坚实的理论知识做支撑;其次,要有一套管理学生的好方法,不然面对学生的挑衅,无能为力。因此,也建议学校在以后的课程设置中多增加实践类课程,给同学们更多实践的机会来检验自己。

2012 级向华梅

我实习的学校是城区一所小学。实习期间遇到的最大的问题可以说是学生"不听话",或者说不听课。老师在上面讲,无论什么样的内容,即使是在课堂上做一些小游戏,学生都非常不愿意配合,只是自顾自地讲话、打闹,无视老师的存在。出现这样的情况之后,我反思了自己的原因:对学生脾气太好。确实是这样,因为我教学的年级是小学六年级,刚开始去就觉得能和他们做朋友有利于以后工作的开展,所以以一个大朋友的身份去和他们相处。没想到最后一发不可收拾,毕竟学生年龄还小,不懂事,说话做事把握不住分寸,所以经常会有一些不尊重老师的语言和行为出现。还有学生们是不怕实习老师的,因为他们知道我们是实习老师,不会长久教他们(大多数实习老师会有这样的感受)。所以,教训就是不要说"我要和学生做朋友",在行动上体现就可以了。同时,还要有教师该有的威严,因为老师毕竟是老师,要把握好身份的切换。

其次,在小学实习,尤其是低年龄的班级遇到的最大的问题就是回答问题方面。老师问题一出学生都很积极,差不多会有一半以上的学生都举手,学生都很渴望老师能叫到他们。但这种情况下往往不知道要怎么叫,如果叫了其中一部分,另外的学生就开始表现出沮丧,下次课就不举手了。但又不可能全部都叫起来一遍,因为一个问题只能安排3~5个学生回答,才能按照进度完成课程。因为这件事我苦恼了很久,同时又为学生的积极性高兴。于是,为了照顾到每一个学生,我设计了每次课用看似随机的方法抽取,以前抽到过的下次课就从中选一两个,其他的在没有回答过的学生里抽。我也将每次课的导入用提问的方法进行,这样既促进了学生自主学习能力的提升,又照顾到了每一位学生参与课堂的积极性。通过这些问题和自己的思考,我发现自己对教学还是有很大热情的,也愿意继续学习争取做个优秀的心理教师。

2012级丁海阔

一学期的实习已经结束,过程中有开心,也有苦涩。刚开始上课的时候,对学生还不是很了解,在对学生的管理方面缺乏经验,因此不能很自如地控制上课的局面。再加上心理健康教育课本身就是一门寓教于"动"的学科,有很多小活动贯穿在整堂课中,上课的纪律就会比较不容易管理。课堂中会让学生自由思考,学生就可能误以为是自由活动的时间了,就各种发言各种讲话,聊一些跟课堂无关的话题。针对这种现象,我通常会重复我的问题,让学生安静思考,不该说话的时候就不要讨论,等一会我会叫人起来回答问题,这样他们就会集中精力听课。这是我在上课期间遇到的一方面的问题。另一方面,由于刚开始接触老师这个角色,上讲台时会紧张。以致上课时自己的注意力只能集中在书本知识上,不能同时兼顾台下的学生,所以有些学生在下面做一些与上课无关的事也顾不上去管理了。最后,由于教学经验不足,讲课时重、难点不够突出,总感觉整堂课都很乱,学生也听得云里雾里。另外,有时在课堂中发生的一些突发状况不能很好地应对,或是处理的方式也不得当,事后总是很自责。总结下来,实习期间遇见的问题汇总如下:

(1)专业知识不够扎实,课本知识远远不够。在心理辅导时,有一些问题是从来没有遇见过的。例如,双胞胎的心理问题以及先天性疾病造成的心理问题等会被问住,一时无法解决。

(2)课堂管理出现问题。纪律差时稍微控制下来后,接下来又开始,课堂管理方法不当,这给教学造成了一定程度的困扰。

(3)教师礼仪,如语言、行为的习惯养成。作为一名教师,应时刻提醒自己的行为、语言得当,时刻牢记言传身教,身正为范。

经过这一次实习,我既锻炼了自身的社会适应能力,在实践中拉进了与社会的距离,在社会大课堂里,经风雨、见世面,检验知识,培养能力,磨炼了意志,增强了社会责任感;同时,实习中我也意识到专业基础知识的重要性以及自己在专业素养上的欠缺。这段经历使我明白了"纸上得来终觉浅，绝知此事要躬行"的真正含义，那就是从书本上得到的知识终归是浅薄的，未能理解知识的真谛，要真正理解书中的深刻道理，必须亲身去践行。在今后的学习和工作中，我要努力端正自己对待学习的态度，克服惰性，虚心学习并接受老师、同学的建议，在没有工作任务时能做到自主学习。我希望在今后的学习、工作、生活中多汲取这次实习的经验，吸取问题解决中的教训，努力成长为一名优秀的人民教师。

2012 级王凌霞

我是在遵义市一所初级中学实习的，带的主要是初一的学生，也给初二、初三的学生上过课。实习过程中有趣地发现了三个不同年级学生对待心理课的差异，如在上课的时候初一学生很配合也很活泼，对老师还有敬畏；初二的学生则是过于活泼，上课多次强调纪律仍然很皮；初三的学生学习任务较重，在上心理健康课的时候多没什么兴趣，喜欢做自己的事情，除非课程设置非常符合他们的兴趣。实习中的问题集中表现为：在课堂实践中还是不能很好地把握一节课，表现在时间控制上有点仓促；对于一些过分活跃学生的管理上缺乏有效方法；在实际的中学生心理健康咨询中，还不能很好地应用所学的专业知识。有时对于学生的问题无从下手，找不到根源所在，之后就会变成空谈说教。

总之，实习过程让我意识到要想做好一名班主任或者是任课老师真的很难。班主任要管理好班上的每一个学生，处理各方面的问题、矛盾，无论学生成绩好坏都要尽最大的努力去引导学生、帮助其走出困境。同时，还要与家长有良好的沟通。所以，每一件事只有亲身去做了才知道其中的困难。而要做好一名心理健康老师更是不容易，因为学校大多不重视这方面的工作，如在上课时总是被占课，学生也不重视，只当成又是一节可以玩的课。

对心理咨询更是普遍表现不理解,在开展这方面的工作时也是困难重重。期待以后的心理健康环境能有所改善!

2013 级李爱敏

我的实习任务一共有三块内容,分别是:心理健康教育课、心理咨询、班主任工作。

心理健康教育课主要讲述有关心理健康教育的知识,以课堂活动为主。内容主要涉及学习注意力、情绪调节、人际交往等方面,目的是让中学生了解并掌握一些心理健康的知识和解决在学习、生活中遇到的困惑或问题的能力,以使他们健康快乐地学习成长。在正式上课之前,首先进行的是听课。听了指导老师的课,觉得她的教学设计非常受学生的欢迎,对课堂把握的特别好。对于这一点,没有教学经验的我的确很发慌,不知如何才能让学生的思路跟着我的教学设计走,更不知道如何才能掌握课堂纪律和课程节奏。其次是备课与上课,第一次备课的时候花了很多的时间,几乎是把上课的所有内容都要放到 PPT 上,唯恐遗漏了。上课时也非常的紧张,语言表达也不太简洁明了,对课堂的进度把握的也不到位。在指导老师的点评中,我也了解到自身的不足,如讲课的速度不够均匀、与学生互动不够灵活、讲解案例不够深入等。在经过听课、备课与上课的反复循环中,我能感觉到自己的进步,备课时的内容简略得当了,不再是把所有的内容都放到教案中,课堂中也能更好地和学生互动从而调动他们的积极性,适时地控制课堂纪律,掌握好课程进度。同时,语言表达也更加合适,能把自己所学的晦涩难懂的专业知识通过学生所认同的视角用易懂的语言表达出来。

心理咨询工作的来访者主要是某县二中在校学生,在学校的心理咨询室进行咨询。在此过程中可以了解到现在中学生在心理发展过程中常见的问题,实践性地掌握中学生心理发展的规律和特点。但在咨询过程中,由于自己知识不全面,经验不足,也遇到很多困难。这时的感受就是"纸上得来终觉浅,绝知此事要躬行",这也验证了毛泽东所说的"没有实践就没有发言权",专业咨询技巧的欠缺极大地限制了自己实习热情的发挥。因此,这次实习让我对自己的专业知识与能力有了一次新的认识,让我意识到自己还需要不断学习提高咨询技巧,才能帮助更多需要帮助的人。

一个班级就像一个大家庭,而班主任就是这个家庭的家长。在注重教学工作的同时,我也一直在努力做好班主任的工作。班主任交付了一些工作任务我都按时认真地完成。例如,上自修课、监督学生的早读、早操、学习、卫生等。在做这些工作的过程中,我有了一些领悟。要做好班主任一定要了解每一位学生,爱每一位学生,信任每一位学生。班主任工作是繁琐的,然而每天当我面对这些学生的时候,觉得是那么的亲切,那么的富有朝气,让我有责任感、有动力来开始新一天的工作。作为实习班主任,我也在工作中不断总结管理、带班的经验。

经过这次实习,不但提高了我的专业水平、教学水平,也锻炼了我的管理能力。实习过程中的经历和体会,对于我今后走上工作岗位无论做什么工作都有很大的帮助。相信在以后的工作中我会取得更大的进步!

学生的自述报告质朴、真实,却也直接反映出了我们的专业课程设置总体上偏重理论学习,实践锻炼较少,导致学生在实习过程中解决实际问题的能力欠缺。同时,我们也从对分布于农村、乡镇和市区的几十所实习基地学校的走访中得到了有关学生实习和专业发展的第一手宝贵资料。在这些调研学校中,无论是小学还是初、高中,都对准教师的教育认同、专业知识表达了高度的认同,如实习过程中对待各项工作的端正态度、认真负责的精神、对新课改教育理念的准确把握和应用、丰富的学科专业知识以及较强的利用现代多媒体手段的能力。但同时也从实习中发现了实习学生甚至我们专业设置的一些问题,具体包括:

图为我院领导到金沙中学调研实习工作并看望实习生

（1）部分学生的教育信念不够坚定。例如，到农村尤其是偏远山村工作的学生扎根意识不到位，这体现出对教育事业的热爱度还不够。对一名教师来说，只有当他充分认识到教育工作在社会发展与进步中的重要作用和崇高地位时，他才能真切地感受到自己所从事的工作是"太阳底下最荣耀的事业"。同时，每一位选择了教师职业的人，都应该清醒地意识到：无论从教地点在哪里，自己所从事的工作都是一种无私奉献的工作。如果不是一个淡泊名利、甘作人梯的人，是不可能在三尺讲台上奉献终生的，而教师职业的崇高与神圣就是建立在这一坚定信念基础上的。

（2）虽然专业学科知识丰富，但通识性、拓展性知识深度不够。随着时代的发展和科技的进步，教学内容和教学培养目标不断更新，教师需要掌握的知识也越来越多。教师不仅要扮演传道、授业、解惑的角色，更要担当教学的组织者、设计者、合作者，为了满足教学和工作的需要，教师需要不断地学习，不断更新自己的知识结构。从教师知识结构的功能出发，教师的知识结构可以分为四个方面：学科性知识、教育性知识、文化知识、实践性知识。这四个方面共同构成教师的知识结构，其中教师的学科性知识是教师知识结构中的核心。通识性知识通俗来说是指教师拥有的有利于开展有效教育教学工作的普通文化知识，如中、外历史，自然科学常识等。现代科学的发展趋势，是高度分化与高度综合相结合，通而不专或专而不通都不能适应现代科学发展的需要。作为从事基础教育工作的中小学教师，更需要掌握丰富的文化科学知识，才能胜任当前素质教育要求下的教师工作。

（3）部分学生的教学基本功需加强。专业素养高的教师犹如烈夏的大树，可靠沉稳。要赢得学生的信服就要求教师必须具备过强的专业素养，练就过硬的教学基本功，这包括教学工作、普通话、口语表达和书面表达等通识能力；具体学科的教学能力；跨学科检索教学能力；组织实施能力；沟通合作能力等。因为从一定程度上讲，决定教育教学质量的正是教师的基本功。北京师范大学冷洪恩教授曾对教师的基本素养做了详尽的讲述，他将教师的基本功归纳为备、讲、驭、书，其中"书"即书写、板书。板书是提纲挈领地反映教学内容的教学形式，分黑板板书和电子板书两种形式，但教学中并不能用电子板书完全替代黑板板书，因为黑板板书更能展示教师的风格，启迪学生学习的兴趣。现实教学中，部分学生的书写并不规范，这直接导致教师本人的从教自信度不够，也部分降低了教师对学生的正向影响力。

（4）教育管理能力欠缺。教师如何管理班级、组织课堂教学、组织课外活动等是检验教师专业素养的要义之一，即对教育教学的驾驭能力是教师必不可少的基本素养之一。具体包括是否能驾驭整个教学过程，以至每一个教学环节；是否能通过教学使学生生成新的"亮点"；能否在突发事件中游刃有余、巧妙过渡等。这是具体检验教师教学经验、管理水平的重要方面。特别是能否创新性地生成新的"亮点"，这是新课改的要求，也是贯彻以学生为本教学理念的重要体现。

除此之外，部分实习生身上也表现出学科专业知识体系建构不牢固、不系统，教育科研能力欠缺，一专多能不达标等问题。而所有这些反馈都提示我们：我们的专业发展需要在认真贯彻教育部印发的《普通高等学校师范类专业认证实施办法（暂行）》要求的"学生中心、产出导向、质量持续改进"理念下，密切结合地方经济社会发展需要,才能培养出能适应未来职业和社会发展,能服务地方经济社会发展的留得住、下得去、用得上的具有创新精神的心理健康教育准教师。

第二节　心理健康教育开展现状

一、听课实录

2017年10月,我受邀参加遵义市2017年首届初中心理健康优质课评选观摩交流活动。三天的时间,二十节心理健康课,在沐浴心理健康知识滋养的同时也结合自己的教学体验产生了许多思考。

什么才是专业的心理健康教育活动课? 怎样才能上好一堂心理健康教育活动课? 这是一直困扰着许多一线心理健康教师的两大难题。2012年,教育部颁布的《中小学心理健康教育指导纲要(修订)》明确指出:心理健康教育课应以活动为主,可以采取多种形式进行。心理健康教育要防止学科化倾向,避免将其作为心理学知识的普及和心理学理论的教育。可见,心理健康教育课在本质上是活动课,而非以说教为主的讲授课。然而,在讲《学会与父母沟通》这一主题时,一位参赛老师借用了电视剧《小别离》中朵朵与父母发生冲突的片段,在分享视频观看感受环节学生还没给出自己感受的情况下,大谈特谈青春期的心理特点,导致学生分享热情顿时大减,只得安安静静听老师普及青春期心理发展特点的知识。另外一位讲《积极沟通,与师为友》的老师在提问完学生"我们为什么要尊重老师?"时,学生们尚在思考,老师就开始启发:"我们为老师做了什么事? 老师又为我们做了什么事呢? 老师是不是在班上每天都说话最多的人,但他的话又都是为了我们的……"如此一通,一堂讲人际沟通的心理健康活动课就此演变成了一堂讲感恩的思想政治课。

心理健康活动课的特点就是:课堂进行的过程就是学生自我探索的过程,是使学生在教师设计的活动中去体验、感悟内心的过程,进而产生思考,最终促成行为改变。在这一过程中,教师起着组织、引导而非教导的作用。思想家卢梭曾说:"冷冰冰的理论,只能影响我们的见解,而不能决定我们的行为;它可以使我们相信它,但不能使我们按照它去行动,它所揭示的是我们该怎样想,而不是我们应该怎样做。"现代心理学研究证实了先哲们的观点:从讲道理到接受道理,中间的距离可能很远。一个人能否接纳别人的观点,首先取决于情绪,其次取决于对方的行为,最后才是对方的语言——成年人尚且如此,何况孩子。如果把心理健康课上成以讲道理或传授心理知识为主的说课,则是忽略了心理课的本质,心理健康教育课也就上得变味了。

心理健康课的目标要求明确、具体、可操作。因为评价一节课成功与否的标准之一即教学目标的达成情况,目标过多、过大都不可能在短短 45 分钟的时间内达成。但在《让友谊之树常青》的课堂教学设计上,将教学目标设定为"树立友爱的观念;恰当地解决自己的交友困惑与冲突";《做一个受欢迎的人》一课将教学目标设定为"认识人际交往中的影响因素;树立正确的人际交往观;掌握人际交往的基本技巧,发展良好的人际关系"。初中心理健康活动课的三维目标涵盖"知(认知)、情(情感)、意(意志和行为)"三方面,这三方面是人类心理活动的三种基本形式,这些形式之间本身就存在着密切的内在联系。只关注认知对行为的影响却忽视情感、意志在行为养成或改变上的效用,注定会是一堂走脑不走心的说教课,教学效果自然也将大打折扣。

心理健康课能否走进学生心里,还要看教学内容的选择是否适合、恰当。在讲与父母的交往时,几个老师都不约而同地选择了当下反映亲子关系的热门电视剧《小别离》片段做分析材料,很成功地调动了学生参与话题的主动性和积极性。相反,在上《我与朋友》一课时,老师在课堂结尾本想以师生合唱周华健的歌曲《朋友》来个圆满结尾,不曾想 00 后的学生有 80% 不会唱 80 后的歌曲，教师只好在稀稀拉拉的歌声中尴尬地结束课程。可见，如果课程不能选择贴近学生实际生活、符合学生当下心理需求的内容，就不能营造出全员参与课堂的氛围，也就不能达到理想的教学效果。同时，选择了适宜的教学内容还应有序、灵活地安排各项活动，保证各环节之间有递进、有衔接，既能"上天"有认知层面上的引导，又能"入地"应用于学生的实际生活，这样才能吸引学生不由自主地参与活动。

心理健康活动课的教学方法讲究适合、多样，动静相宜，但也并不是花样越多越好。例如，在上《积极沟通，与师为友》一课时，除了课堂开始的"交换手指"热身活动外，老师过于依赖PPT，所有问题、讨论规则、活动内容都呈现在多媒体课件上，导致多媒体的使用喧宾夺主，限制了学生活动的展开。而另外一堂《学会沟通，用爱取暖》的课上，教师先用"手指碰碰碰"的活动热身，在进入课程后用《误会了五十年》的故事导入主题，PPT播放故事的同时配了比较嘈杂的背景音乐，随后连续开展了三个活动：盲人与拐杖、如此听众和表演故事《钥匙》，随后又播放视频《施比受更有福》。一节课下来活动一个接一个，看似热闹异常却并没有太深入，活动多却无内在递进关系，单纯是为了活动而活动。这样的课程设计花架子太多，学生的活动体验并不深刻甚至有些疲于应对，结果也就注定了学生只是被动地配合老师完成"演出"任务，实际教学效果并不理想。

心理健康活动课按照当下活动课匮乏的逻辑来说应该是深受学生喜爱的，学生参与课堂的态度应该是积极、热烈的，但在比赛的三天里这种课堂氛围异常稀缺。究其原因，主要在于老师太注重自己课程设计的精彩再现却忽视了课堂本身的生成性；太注重课堂内容理性探讨的完美却不注重课堂的实时氛围；太注重自己有没有给到学生"想要"的知识却没有关注学生当下的感受。心理学的研究成果早已揭示：教学中的民主氛围有助于提高学生的学习效率和学习质量。因为在民主、平等的课堂氛围中，学生心情愉快、情绪轻松，大脑皮层较容易形成优势兴奋中心，思维敏捷活跃，想象丰富，从而能更加准确地认识和把握认知对象的性质、特征与意义，对认知对象产生清晰、完整的映象。学生也会更加充满信心，积极主动地进行心理体验与分享。同时，想要学生跟自己有心的交流，教师自己首先要能对学生真诚以待。当学生分享了自己与父母冲突时的激烈场景时，老师却喜笑颜开问学生的感受，自然不会受到学生的欢迎；当学生表达与异性交往的益处时，老师极力往早恋的危害上引导注定会与学生的心越走越远。

积极课堂氛围的形成基于师生之间形成的和谐关系，而良好师生关系的建立在很大程度上取决于教师能否真诚、平等地看待每一个学生，能否对每个学生都抱有积极的期待。美国作家欧·亨利在他的小说《最后一片叶子》里讲了这样一个故事：病房里，一个生命垂危的病人从房间里看见窗外的一棵树，在秋风中一片一片的树叶掉落下来，病人望着眼前的落叶，身体也随之每况愈下，一天不如天，她说："当树叶掉光的时候，我也就要死了。"一位老画家得知后，用彩笔画了一片叶脉青翠的树叶挂在树枝上，最后一片叶子始终没有掉下来，病人竟也奇迹般的活了下来。由此可知，如果我们对每一个学生都抱有积极期待，而不是戴着有色眼镜或仅凭学习成绩去对待学生，那么学生也能感受到老师对自己的关注，从而表现出相应的参与课堂的兴趣和热情。一位参赛教师在提问时由于是借班教学不认识现场学生，所以依次从班长、纪律委员、学习委员提问了所有班干部，其他学生参与活动的热情深受打击。

当然，赛课活动中也出现了不少优秀教师和优质课程，但总体来讲出现的诸多问题在一定程度上反映了当前心理健康教师的专业性还有待进一步提升，而赛课活动的开展必将有助于加快心理健康教师队伍的专业化进程。

二、就业学生的专业发展反馈

著名教育家杜威认为,教育并不是一件"告诉"和被告知的事情,而是一个主动的和建设性的过程,这个原理几乎在理论上无人不承认,而在实践中又无人不违反。要使新手教师"明白该怎么上课",不要仅仅把理论告诉他们,必须要首先让他们有机会在实践中获得连续不断的经验。费斯勒的研究表明,任职初期的教师有两种出路:"一些教师进入了能力建构期,他们展示了一种活力、开放和上进的心态,愿意更多地学习,从而越来越精通教学。另一些教师则故步自封,拒绝改变,对专业的持续发展缺乏热情。"为了了解我们自己培养的师范生的专业发展状况,并进一步完善专业设置,我们通过特殊的"课外作业"的形式,收集了历届毕业后到中小学担任心理健康教师的学生的专业发展心理自述。

2008 级 A 的专业成长之路

我 2012 年 6 月毕业于遵义师范学院应用心理学专业,7 月我考进了家乡的一所高中,凤冈县××中学,8 月 27 日作为学校的心理健康教师,正式开始上班。但是学校并没有开设心理健康教育课程,我上课的科目是综合实践活动,学校就只有两个老师上这门课程,所以课时比较多,常常超课。学校的心理健康工作主要是以个案咨询和讲座的形式进行,如高一新生适应性讲座、女生青春期讲座、高三情绪情感和压力调试的讲座。我在学校的工作就是边上综合实践活动课边做心理健康的工作,这样的工作一直持续到 2017 年 7 月。

从 2017 年 9 月,在我的争取下,学校将心理健康教育课程纳入到了高一年级的课程表里,只有高一年级才有这门课,而学校只有我一个心理健康教师,既要上 20 个班的心理健康课,还要接待个案咨询,还要给高二和高三年级的学生开设专题讲座,还要带一个心理社团。

在这里工作了七个年头,这期间有出去培训过几次,都是作为心理健康老师出去培训的,其中参加过两次国培培训,两次都是在清华大学,收获挺大的。以前在上综合实践课的时候在本专业的学习成长上不是很大,近年来在上心理健康教育课以后,接触到的本专业的知识更多一些,由于学校学生近4000人,而心理老师只有我一人,接触到的学生很多,也发现了很多自己的不足,由此开始好好学习,在这条路上走得有些艰辛和孤独,不过看到了学生的成长和变化,我发现自己越来越喜欢这个专业,我会好好努力,争取以后做得更好。

2009级B成长总结

时间过得真快,转眼已经是踏上工作岗位第六个年头,小时候总觉得时间过得好慢,总盼着过年,因为一到过年可以吃好吃的,可以放鞭炮,有压岁钱。现在发现时间过得很快,总感觉每天都很忙但是却不知道忙些什么,生活工作充实中多了些疲惫。还记得第一年进一中的高考,监考时还发现有个学生与我同岁,而现在的学生都是00后。时间告诉我们的不仅有春夏秋冬的更替,还有岁月留下的记忆,下面我将我工作以来的一些感受与大家分享。

第一,活到老学到老。2017年5月,我有幸到陕西师范大学参加了六盘水市组织的心理健康教育老师培训,11月我又去北京清华大学参加了2018年全国高中教师心理健康教育国培计划,给我的感受就是人一定要终生学习。在陕西师范大学,80岁高龄的王淑兰老师给我们讲人格心理学,长达3个半小时授课,王老师没有上过厕所,给我们讲课除了制作了PPT、教案,她还细心地用了自己多年使用的笔记。结合她多年的教学经验和研究,给我们深入浅出地分析了人格心理学是伴随我们一生成长的学问,人格在三岁之前容易改变,在十七八岁可以改变,到了二十五六岁就很难改变了。到清华大学的培训更是大师云集，很喜欢余玲艳老师给我们从心理学角度去剖析行为艺术和认知心理学；俞艳鸿老师给我们讲了很多心理沙盘在咨询过程中的一些要点，更重要的是她通过很多个人接待的案例给我们讲解心理沙盘不只是看沙盘里的投射，还要分析来访者的整个成长史（家庭背景、亲密关系、依恋、家庭交往方式等）给我印象最深刻的是樊富珉老师给我们讲团辅心理辅导，也从她个人的人生经历中认识到心理学是一门让人幸福的学问，不仅让自己幸福，也可以让他人受益。

第二，关于心理咨询。2015 年 4 月，盘县 × × 中学心理咨询室向学生开放了，作为心理咨询老师的一员，我被安排在每周星期二和星期三来接待来访学生。之前我对学校的安排还有一些不理解，我觉得学校的心理咨询室应该每天为学生开放，因为现在需要咨询的学生太多，不应该仅仅安排每周的周二和周三。但是经过这几个星期的咨询，我发现学校这样的安排是合理的，从个人经验而言，我认为我真的无法当天消化在给学生咨询时候所承受的负能量，因此我感慨，我是一个感性的人，有时会因为学生的一些个人经历让我看见社会的阴暗面，其实有些时候你真的不知道最幸福的是当下的自己。相对于心理咨询所，学校的心理咨询相对轻松，没有太多"疑难杂症"等着你，大多数都是一些成长的疼痛？当然，我们每个人在成长的过程当中总会经历一些疼痛，这种疼痛会让你有求生的欲望，这种疼痛会让你感受到自己还活着。就像人的痛觉对人体是有一定的保护作用的，试想一下，如果一个人连痛觉都失去了，会是一个什么样子。所以，作为在成长过程当中的孩子，千万不要为生活中的疼痛而困扰。也许，在经历过疼痛之后，你会蜕变成一个全新的自己，正所谓"浴火重生"，相信这样的疼痛会让你变得更加坚强和勇敢。尤其是高中生，处于一个少年到青年的转变时期，是从学校步入社会的关键期，他们的思维是丰富的，他们的思想是敏感的。在政教处工作，经常会遇到班主任来申请多给他们班一个资助的名额，说是之前班上的名额已经分配好，结果有同学给他反映班上的某某同学家庭十分贫困,有些甚至是孤儿,但是碍于面子没有申请资助。其实,我很理解,因为这样的资助会给这些学生贴上标签,这个学生很穷,怕同学投来异样的眼光。国家、社会、爱心群体、爱心人士给贫困学生的这些资助并不是很轻松地到达每一个受助学生手里,受助学生必须是家庭贫困且品学兼优。就像盘县妇联的林主席说的:那是因为这些同学优秀才能得到这样的资助。因此,我个人认为我们应该把这种资助当作一种荣誉,怀着一颗感恩之心来接受这份荣誉,并通过自己的努力来传播这种爱心。还有一些学生,学习压力很大,很多时候是因为自己的父母家人对自己太好,怕辜负他们。所谓的公平二字,其实是一个社会学名词,在法律上,公平是法所追求的基本价值之一。公是公共,指大家,平是指平等,意指为大家平等存在。由于人之差异而没有绝对的公平,只有相对的公平。我觉得在心理咨询接待中倾听真的很重要,很多学生并没有多大的问题,他只是有了烦恼找不到倾诉,你就当一个学会装东西的垃圾桶就好,当然这个垃圾桶也不是很好当,一定要适时地关注,正确地疏导。从参加咨询工作以来,除了每天正常接待的来访学生和平时的接待,我估计接待了100名学生,在这些来咨询我的学生中毫不夸张地说,情况严重一点的都和父母的教育、家庭交往方式、原声家庭有很大的联系,可以说每一个问题学生背后都有一个问题家庭,孩子是父母的第一任老师。当然心理咨询也不是只有满满的负能量,有时来访者也会治愈心理咨询师,我就是一个很好的例子。就像本学期的有次咨询,来访学生只是向我咨询择业问题,后面我们直接聊开,他随身携带的两个笔记本里面记录了他的很多心事,他还愿意拿给我翻阅,我问他:如果你失败了怎么办?他说:没关系,我还年轻,时间就是我的资本,如果我畏首畏尾不敢去做,等我老了我会怨自己。从他的眼神里看得出那份执着,也让那段时间心情有些糟糕的我看到了希望。不过,一定要学会向学生表达自己的诉求,我这里的诉求是一种真诚。因为人是感情动物,有着七情六欲,有着情绪表达,当你心情不好、状态不佳时,你一定要向学生说:对不起，因为我今天的状态不好，不适合给你做咨询。我相信这比你带着一个不好的状态给学生咨询的效果好！

第三，关于评职称，一定要提前准备。在这里我给大家小谈一下公平。小时候，对公平这个词没有特别的体会，经常提到的一个与公平相关的词就是"偏心"，如果某老师偏爱哪一个学生，在处理学生问题上就会出现稍许不公平的情况，不过这个公平在那个年龄只是小事，你现在让我具体来举例真的是想不起来。到了初中，很多时候靠成绩来决定受公平的待遇，成绩好，自然是能得到优待的，不过分析问题也不能片面，主要看一个人的品德，初中阶段是人格培养的关键时期，这个时候的公平还有一些"人格魅力"在里面。上了高中，所谓的公平就是国家资助，不过现在的政策都属于都在阳光下，基本上同等成绩看贫困，同等贫困看成绩，当然，出入不大的也得看你平时的表现以及与同学的人际关系，所以这个"人情分"就显现出来。到了大学为各种助学金、优秀评定、入党名额争得面红耳赤，其实真正到了大学毕业参加工作，你会发现那些优秀只是一时有用，大学主要是学习专业知识和社会经验，自己能力的培养与塑造更加重要。到了工作的岗位，你才真正感受到论资排辈，不过人家比你来得早，本来就应提前享受该享受的，如果你真的能够一跃而上，对你是公平了，对别人呢？所以，真的没有绝对的公平，只有相对的公平了。就像朋友所说要么足够优秀，要么排队。总而言之，当你的才华支撑不了你的梦想时静下心来学习，当你的资源满足不了你的需求时就努力去提升自己。蓄精养锐，才能蓄势待发。经历一些事情是要长点心，把自己先保护起来，度过危险期，才把自己推出去。当你享受了不公平待遇时，真的要在自己身上找原因，如果你已经优秀到无懈可击，你该有的别人抢也抢不去。

第四，我参加优质课比赛的感受。2017年，六盘水第二届研究性学习优质课终于落下帷幕，这是工作以来参加的最大的一次比赛，受益匪浅。任何带着功利的准备或许能获得一个好成绩，但是绝对不是最好的成绩。因此，等到比赛结束我才明白为什么海燕在之前的英语优质课能得一等奖,并且能代表六盘水市去参加省赛,并且在准备赛事之时,还身怀六甲,带着高三。她在给我提意见的时候说她比赛没有想过名次,她只是想如何让学生有所收获。而我带着功利去比赛,毕竟得了一等奖我明年可以破格评中一。所以,我觉得比赛的心态很重要,想要的太多,注定失去更多。你没有去爱学生,你如何让学生爱上你的课。不想让学生辜负你,你就必须从学生的角度去思考问题,这不只是比赛,任何时候都如此。

突破常规思维,立足创新。我们在进行教学设计的时候都是以主题为中心,强调重点,这并没有错,但是我们却无法打破常规,逆向思考。一贯的思维都比较保守,"突出重点"成了我们的一道障碍,教师只是课堂的引导者,一个好的课程设计是让学生参与,老师指导,让学生去创造惊喜,深度挖掘学生的智慧空间,而不是条条款款去设置,让学生按照你的套路前进。所以,学生课堂的自主性,你可以不标注重点,让学生通过自主探究去找出重点。不要低估学生,他们一定能找到。

2010 级 C 上小学心理健康教育的体会

从事教育工作四年多来我一直都上的是数学,但是我也没有把自己的专业丢掉,我通过前面的观察和这一年正式上心理健康课,对小学心理健康有如下的体会。

第一,关于小学一年级学生的入学适应。以前,小学一年级的学生入学的前一个星期,老师是上不了课的,因为学生上课的习惯不好,基本都在纠正孩子的上课习惯,如果纠正不好那么孩子就会慢慢产生厌学情绪,老是说肚子疼不来上学。

本学期开学,我尝试了去给他们上第一节课"我上小学了",运用活动让孩子们放松,让他们初步了解小学与幼儿园的不同之处,比如上课时间不同,上课的内容不同,学生在上课时的习惯不同,在幼儿园他们在课上可以乱动,然而到小学就不可以了,要认真听讲。我运用提高注意力的活动来引起孩子的注意,把活动融入教学中。让他们记住"123坐端正,小眼睛看黑板"等一些口令,老师在上课时发现孩子们坐不住了可以通过口令提醒他们,也可以巩固口令和他们做小游戏,这样他们就可以很快适应小学的学习生活。通过观察,我发现这学期一年级的老师在第三次课就可以进入教学了。

第二,叛逆学生在小学期间的心理。在小学期间学生叛逆最主要的是想引起关注,你多注意他了,他会是你班上很好的一个管理者。

第三,青春期。这学期在下课的时候有个女生问我"老师我们现在可以谈恋爱吗?"我知道她是想谈恋爱了,通过后期的观察我也知道她在谈恋爱。那么这个问题在学生中一定还有,我们都知道他们不管怎么问老师,其实就是想得到一个答案"可以",让他们矛盾的心理有一点放松。其实在一年级就有孩子们会说"我喜欢谁"等等,其实他们都是不懂的,或者说受现在电视、小说、娱乐新闻的一些影响。从上面了解到的都是美好的,然而他们不知道的还有很多,那么我教给他们的是保护自己,给他们上了《青春期的生理心理健康课》,让孩子了解自己怎么来的,从而懂得如何保护自己。

第四,家长。孩子的健康成长与家长有很直接的联系,我一直在关注的一个女生,她很内向,基本不与人交流,很少笑,我了解她们家有四姊妹:三个女孩一个男孩,她排第二,她们家重男轻女思想很重,她父母基本上很少关注她,也基本不会表扬她。我也多次和家长沟通,可是家长都说会关注她的,我在学校较多地关注她,小学生的健康离不开家长的配合与关心。

第五,教材。遵义市没有一本统一的教材,其他的教材上面的内容不是很符合我们的学生,还有我们的心理健康课是两周一节,那么那些教材上的内容就不是很适合我们这里的孩子,所以解决教材问题就成了当务之急。

2011级D心理健康教师专业成长心路

与其说是专业成长之路,不如说是个人成长之路。心理学、生活、人,三者相辅相成。

2011年高考结束,怀揣一颗"解放"的心,大踏步地离开学校,憧憬着我的大学,一定是自由美好的,犹如天堂,想必是这样的蓝图听得太多,也就信以为真了。从来没有想过离开贵州的我,选择了离家最近的大学——遵义师范学院,至于专业,并没有像其他人一样仔细斟酌比对,看着电脑上弹出的几个专业,胡乱填写一番,最终,应用心理学相中了我,可能这就是人们所说的冥冥中自有安排!

心理学,在当时完全是冷得不能再冷的专业,几乎没听过,亲朋好友听说我的专业,都是一脸懵,"这个,学来干嘛?""我也不知道学来干嘛,边走边看吧!"带着无奈与好奇,走进了我的专业——应用心理学。

第一年开设的课程是基础学科,其中包括普通心理学、人体解剖学等。拿到书,便迫不及待地翻看,想要揭开心理学表层的面纱,一睹真容,看看是否有外面说的这么神奇,一眼看穿人心,结果不言而喻,整本书只有感觉、知觉、记忆、神经元……枯燥乏味的知识点,没有想象中那么神奇有趣。经过一年的学习熏陶,我知道了,原来心理学只是一门普普通通的学科,和其他自然学科并无差异,只因他的研究对象是人,从而变得神秘莫测。

随着学习的推进,社会心理学、变态心理学、咨询心理学、心理学史等专业课程逐渐走进我的视野。通过系统的学习,了解了心理学的起源与发展,各大流派之间的分歧与融和,有了一定的心理学理论基础,于是在大三时考取了心理咨询师三级资格证,一方面觉得学了这个专业,得有相应的资质证明,另外一方面是觉得以后参加工作招考,说不定这会是报名条件之一。果不其然,大四毕业后参加事业单位招考,但凡与专业相关的工作岗位,都需要心理咨询师资格证书，庆幸之前做了考证的决定。

大四是整学期的实习，我被分到生源地高中。刚到学校报道，实习导师便把他的心理健康教育教科书给我，让我准备初一（1）班的心理健康课，顿时我就懵了，心想，按常规讲不应该是我先听两星期课，准备充分之后再上课吗？怎么刚来就让我上课？他看出了我的疑惑与胆怯，对我说道："你只有站上讲台，才会习惯它，胆子都是练出来的，不用怕，而且在你毫无准备的情况下，我才能了解你的真实水平，对你才有帮助。"好吧，早晚都有这么一天，壮着胆子往前走。备课的时候，真是庆幸学校开设的《心理健康教育课程设计》这门课，庆幸老师的严格要求，庆幸在大三时有过真枪实弹的演练，让自己有迹可循。心理健康教育课，和其他学科不同，并非知识点的罗列，而是需要同学们在活动中、游戏中去感受和体验主题，所以教案设计的重心在于活动的选择，环节的衔接和活动之后的分享，有了方向，备课就简单了。

从办公室到教室短短的几十米，走得我胆战心惊，特别害怕讲得不好或者学生捣乱，让我下不来台，在众人面前丢脸，一路上都处于紧张状态。缓慢地走到教室门口，深呼吸几次，鼓足勇气走进去站上讲台，面对几十双眼睛的审视，暗示自己，"没什么大不了的，我已经准备好了"，再次深呼吸，开始我的第一堂课，在紧张中草草收尾。自我感觉上得不好，整堂课都很慌乱，正当失望之际，导师对我说："整体教学设计很好，教态自然，声音语气运用得当，就是课堂的节奏没有把握好，衔接得有些生硬，多上几堂课就知道节奏了。"听到他的评价，顿时对上课有了信心。自此，他把初一6个班的课给了我，让我自由发挥。不管他是出于何种目的把班级全给到我，对我而言，这是难得的锻炼机会，别人告知的经验，那是别人的总结，不一定适合自己，唯有实践，才能知道问题所在，从而得到提升。

在之后的教学中，慢慢地由青涩变得熟练，并把书本上的活动运用到教学中，把课堂扩展到操场，不局限于教室，带他们制作活动中需要用到的器材，寓教于活动。可能是初生牛犊不怕虎，当时并没有考虑到其他方面,只想到什么活动契合主题,有助于他们的体验与成长,便在课堂加以运用,像"无敌风火轮""七手八脚""导盲游戏"等,都组织学生做过,也正是这样的全心投入,赢得了学生的喜爱,圣诞节那天,收到好多小礼物,记忆犹新的是一个小姑娘把她编的链子送给了我,至今都在我的盒子里放着。实习的几个月,让我成长了很多,完全超越了最初给自己设定的目标——敢上讲台,敢于开口。同时也带给我很多感动,原本不打算做教师的我,感受到了做一名教师的乐趣与幸福。

毕业后,通过人事招考,考聘到现在任职的高中,从事本职工作。这是一所新办学校,硬件设施尚不完善,咨询室只是一间有办公桌和电脑的屋子,其余什么都没有。之前的咨询室老师也只是兼职老师,并没有开展实质性的工作。了解到这些基本情况之后,我草拟了一份心理咨询室建设方案请示校长,没想到他居然满口答应并立即让总务处老师给我置办所需物件,这让我极为震惊,毕竟在分数唯一的背景下,极少有领导如此支持心理健康教育,虽然环境有限,只是一间不足20平方米的屋子,但我很满足,相比其他同学的处境(教授其他科目),我是幸运的,心怀感激,开始了我的职业生涯。

这时候有领导找到我,说让安管办给我一些调皮捣蛋学生的名单,让我挨个儿找他们谈话,扭转他们的思想,我心想,这不是思想教育吗?而且心理咨询讲究的是自愿,我这样贸然去找学生,且不说效果怎样,单一个心理教师找人谈话的帽子扣下来,那我以后的工作就杂乱了,咨询不像咨询,思想教育不像思想教育,略有思考,我便拒绝了领导,或许,这是大众对我这个职位的普遍看法:心理健康教育=思想政治教育。冰冻三尺非一日之寒,要改变大家的观念,需要时间,也需要做出成绩,咨询室简单布置完成后便开始正式工作。有老师说,你不去找学生,怕是没有人会主动来到这里,我不信,事实也告诉我,学生需要这样一个值得信赖和安全的地方。还记得我的第一个来访者,是一名高二年级的学生,因为异性关系的困惑前来求助。看起来特别乖巧懂事的男孩子，经过连续两次的咨询，他和同学的关系得以改善，整个人的状态明显改变很多，不再忧心忡忡，咨询结束后，他特别真诚地对我说"老师，谢谢你！"这句话，给了我很大的支持，也让我感受到了这份工作的意义。

之后陆续来了很多学生，随着来访学生的增多，明显感到自己力不从心，除了工作之外，更重要的是无力感，明明知道他们的问题出在什么地方，我却无能为力，看着他们一次次在我面前流泪，看着他们的创伤就在那里，我却不敢触碰，内心备受煎熬，这时候，很希望身边能有学术精湛的前辈指导，让自己迅速成长，好帮助他们走出困惑。可惜身边并无这样的资源可以利用，大学老师更多关注理论研究方向，对于心理咨询，很少有老师涉足，自然无从帮助。就在这时，机缘巧合下，我从网上接触到房树人人格投射测验，里面有很多经验丰富的二级咨询师，从他们的交流中我知道了心理学的广阔，并非大学那点书本知识，也看到了自己的局限，和他们学习浸泡的一年里，除了专业知识得到迅速扩充，我自身也发生了很大的变化。每个人在成长过程中都会留下伤痕，就像没有100分妈妈，自然不会有100分小孩，从而更加理解了自助助人的咨询意义，在帮别人理清思绪的同时，自己也在成长。

咨询的受众有限，每天能接待的学生也就两三个，全校4000多名学生，需要更大范围地开展心理健康教育工作，于是，我便尝试着分年级讲座，有针对性地选择主题进行知识普及。当与各年级负责人进行协商的时候我才发现，这项工作的进行并不顺利，从领导到普通教师，他们关注更多的是成绩，有益于提高学生成绩的活动，他们组织参与，像这种不能立竿见影的讲座，他们并不热心，即便是讲座，也要以提高成绩为核心。一腔热血被冷水泼灭，我也无心讲座，集中精力于我的咨询板块，从网上购买专业书籍和视频补充理论知识和咨询技术，其间，曾奇峰、徐凯文、李铭等大师的网课听了不少，对精神分析的客体关系、自体心理学、认知行为治疗的一些技术也有一些了解，零零散散的知识拼凑，虽然不及系统听课提升快,也有不小的进步。理论加实践,慢慢地,对咨询有了自己的节奏和领悟,也能接受自己的无能为力,当能接受自己的无能后,反而感觉更好更真实。重新审视这份工作,我知道,讲座是必须要进行的,单靠咨询的力量,对于大型学校来说,影响面实在太窄,况且学校心理健康教育工作的重心应当放在心理健康知识的传播上面,将可能出现的问题制止于萌芽状态。再次和年级领导商量讲座的问题,经过这一年多咨询工作开展,他们看到了学生切实的受益,便很支持我的讲座计划,从而顺利地在各年级进行专题讲座,这项工作的开展反过来促进了心理咨询在学生群体中的影响,更多人走进咨询室寻求帮助。

去年对高一年级学生进行心理普查的时候发现,不管是使用Scl-90还是MHT,收上来的调查问卷可信度特别低,从问卷结果上看不出任何问题,学生有意识选择"正确"的答案,根本达不到预期目的,或许这是题目问卷的通病,当时恰好学习HTP(房树人人格投射测验)一年半,便想着将两者结合使用,把结果反馈给班主任,让他们在平时生活中关注到这些学生,将可能出现的问题排除在前,起到预防的作用,尽管工作繁琐,却能有效地帮助到学生,也算是有所得。

学校心理咨询有异于社会咨询,不可能真正的价值中立,面对还不够成熟独立的学生,需要正确的价值引导,这就需要作为学校咨询工作者的我们,有健全的心理素质,有全面的专业知识,不断学习、不断进步,寻找一切有可能的学习机会,参与学习,提升自己。

这三年多的工作,让作为新手学校心理健康教育工作者的我深切感觉到,国家层面的政策、资金和专业培训支持,是多么的可贵,期盼的背后是需要和缺乏。不管宏观上有无改变,我都会不忘初心,砥砺前行,继续探索适合传播心理健康知识的道路,帮助学生走出低谷,一路阳光相伴。

学生们的用心反馈令人动容,仿佛他们离校后的变化都一幕幕发生在自己眼前一样,都从初出校园的新手教师成长为已能熟练地掌握各种教学技能、有丰富教育经验和深刻工作体会的熟手教师。字里行间可以看出他们对于教育事业的认同,对于自己所从事的心理健康教育工作的热爱,对于自己专业发展的向往,当然也有他们在成长中遇到的无奈与困惑。

三、多视角调研

我国的中小学心理健康教育历经了二十多年的探索与实践,经过几代中小学心理健康教育事业工作者的辛勤耕耘,在各级教育部门的重视、指导下,逐步形成了"以班主任和专兼职心理健康教育教师为骨干,全体教师共同参与的,以发展性心理辅导为主导的"我国中小学心理健康教育工作的基本模式。然而,由于各地中小学的心理健康教育工作发展极不均衡,教育理念以及师资的来源、数量、水平差异极大;而且教育部在 2002 年颁布的《中小学心理健康教育指导纲要》仅对中小学心理健康教育的内容、任务与途径进行了宏观上的规定,尚未涉及中小学心理健康教育工作者的入职标准、岗位职责、福利待遇、培训科研等具体的工作规范。为了了解当地中小学心理健康教育的开展状况、了解中小学心理健康教育教师的专业发展状态与前景等,我们以课程作业——社会调查的形式带领学生深入到贵州省 6 个地级市、3 个民族自治州甚至周边省市的共 87 所中小学的 1200 多名学生和心理健康教育专、兼职教师中进行心理健康教育状况调查,并结合对部分教师、家长和学生的个别访谈,围绕学生目前的心理健康状况、学校心理健康教育形式、是否开设心理健康教育课程、有无专职心理健康教育教师、心理教师专业背景、心理健康教育内容、教育辅助设施、心理健康教育效果、学生提出的心理问题以及意见和建议等方面的问题,分别利用网络和课堂问卷调查、现场访谈、电话咨询等形式展开了调查,旨在通过调查发现我们与学校心理健康教育较发达的国家和地区的相关规定的差距,进一步提升中小学心理健康教师的专业化发展水平,促进本地中小学心理健康教育事业的发展。

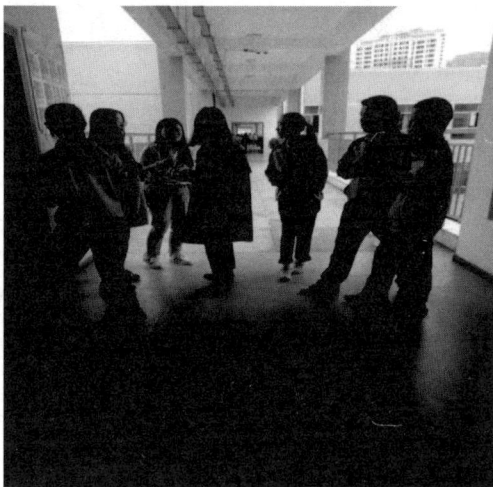

图为 16 级学生在课间与心理健康教师交流

图为学生设计的对青年新手教师的问卷调查表

　　本次调查涉及的不同类型的学校共 87 所,其中,公立学校82 所,私立学校 5 所。具体学校学段、类型及数量分布如下(表 2、表 3):

表2　调查各学段学校数量及所占百分比

学校类型	数量（所）	百分比（%）
小学	12	13.8
初中	35	40.2
高中	34	39.1
职校	6	6.9
共计	87	100

表3　调查各类型学校数量及所占百分比

学校类型		数量（所）	百分比（%）
是否公立	是	82	94.3
	否	5	5.7
是否重点	是	10	11.5
	否	77	88.5
是否示范校	是	17	19.5
	否	70	80.5

本次调查共涉及110位专兼职心理健康教育教师,其中专职教师49位,并且主要分布在初、高中。没有心理教师的学校共31所,占调查学校总数的35.6%,即有超过三分之一的学校完全没有心理健康教育教师。这可能是由于贵州省教育厅曾于2011年颁发了《贵州省校（园）学生心理健康教育工作管理制度（试行）》的通知,随后又于2013年发布了《省教育厅关于在全省普通高中学校开设心理健康教育选修课程的通知》,大力推进了高中心理健康教育工作的开展和高中心理健康教育教师队伍的建设。职业学校由于学生心理和行为问题频发,相应地心理健康教育工作的开展也受到了重视。其他学段的心理健康教育师资队伍建设则不容乐观。

具体到心理健康教师的队伍建设上,12所被调查的小学没有一所配了专职心理健康教育教师;配了3位及以上专职心理健康教师的仅仅有2所高中学校,仅占被调查学校总数的2.3%。

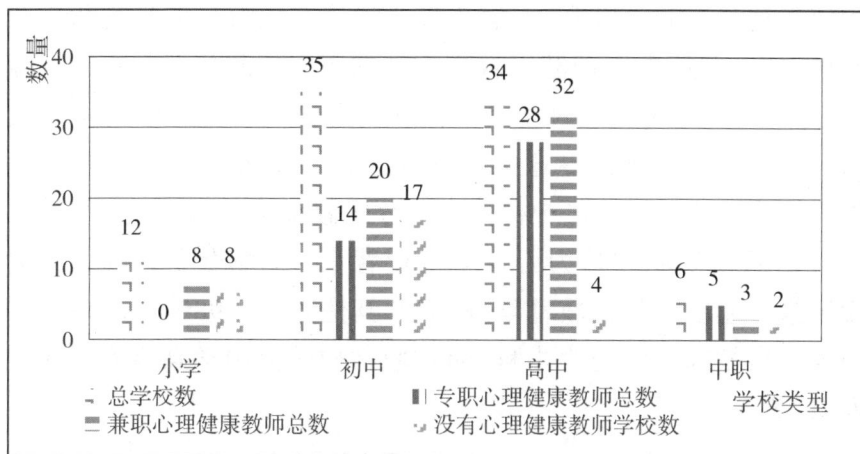

图一　样本专职心理健康教育教师情况柱状图

1. 请问你们学校是否开设了心理健康教育课呢?
没有.

2. 开设了的话是每个年级都有么? 没有开设的话是那位老师在上这门课呢?
思想品德老师.

3. 学校是否让班主任负责班级的心理健康教育课呢?
没有.

4. 学校对这门课程的重视情况如何呢?
不重视.

5. 班主任一般是怎么开展心理健康教育课的呢? (详谈).
我们犯错的时候.

6. 课程的开展是否穿插在班会课当中? 你希望应该怎么开展心理课?
不会.

7. 学校有心理咨询室或类似的科室么?
有, 但是没有老师在.

8. 您认为心理健康教育课是否应该有教材? 为什么?
应该有, 应为对我们的身心健康有帮助.

9. 针对这门课程你希望是每个年级都开设呢还是只针对一二年级开设?
每个年级.

表 4　专职心理健康教育教师在各学段学校的配备情况

学校类型	一位教师	百分比	两位教师	百分比	三位教师及以上	百分比	没有配备	百分比
小学	0	0	0	0	0	0	12	100%
初中	6	17.1%	5	14.3%	0	0	24	68.6%
高中	14	41.2%	4	11.8%	2	5.9%	14	41.2%
职校	1	16.7%	2	33.3%	0	0	3	50.0%

　　被调查的专职心理健康教育教师的平均教龄为 5.3 年,从事心理健康教育工作平均年限为 3.1 年。其中,高中专职心理健康教育教师的平均教龄最长,为 8.3 年,从事心理健康教育工作平

均年限达 7.5 年。初中、小学及职业学校专职教师的平均教龄虽然也不短,但从事心理健康教育教师的工作年限相对较短。在年龄分布上,专职心理健康教育教师的年龄多分布在 28～46 岁之间。专职心理教师的专业学习背景方面,93.3% 的高中专职教师为心理学专业出身,44.5% 的初中专职教师为心理学专业背景,50% 的职校专职教师为心理学专业背景;其他专职教师大学阶段所修专业主要包括教育学、医学和其他若干。98% 以上的专职心理健康教师的学历为本科,而在职称构成上中学高级竟没有一人(见表 5)。

表 5　专职心理健康教育教师职称

职称类别	人数	百分比	累计百分比
中学高级	0	0	0
中学中级	5	10.2%	10.2%
中学初级	2	4.1%	14.3%
小学高级	0 0	0	14.3%
小学中级	42	0	14.3%
无		85.7%	100.0%
共计	49	100.0%	

兼职心理健康教育教师的工作构成较为复杂,主要涉及班主任工作、其他行政工作以及学科教学等工作。

表 6　各学段兼职心理健康教育教师兼职情况

兼职老师	班主任	百分比	行政人员	百分比	团队干部	百分比	卫生室	百分比	科研工作	百分比	学科教学	百分比
小学	4	50.0%	2	25.0%	0	0	0	0	0	0	2	25.0%
初中	4	30.8%	2	15.4%	0	0	0	0	0	0	7	53.8%
高中	1	10.0%	7	70.0%	0	0	0	0	0	0	2	20.0%
职校	0	0	0	0	0	0	0	0	0	0	1	100.0%

担任专职心理健康教育的教师中,持有心理咨询师等专业资格证书的仅有 12 人,持有教育学及其他专业证书的教师占专职教师总数的 75.5%。就工作量而言,每个月对学生进行个体辅导达到 10 人次以下的初中专职心理教师占 100%,高中心理教师占

92.9%,职校教师占 80.0%;每个月指导团体辅导在 5 次以下的初中专职心理教师占 100%,高中心理教师占 96.4%,职校教师占 80.0%。入职后有机会参加在职培训的专职初中心理健康教育教师有 9 人,占 56.3%;高中专职教师 7 人,占 25%;职校教师并未提及入职后的在职培训。对于在职培训的满意度情况,专、兼职教师有一定差异。除部分兼职教师对培训不做评价,具体满意度情况见表 7。

表 7　心理健康教育职培训满意度情况

		人数	百分比	累计百分比
专职教师	满意	7	14.3%	14.3%
	一般	1	2.3%	16.6%
	不满意	41	83.4%	100.0%
兼职教师	满意	2	5.9%	5.9%
	一般	1	2.9%	2.9%
	不满意	31	91.2%	100.0%

在对工作的满意度上,专职教师表示满意的有 13 人,占 26.5%,不满意的有 34 人,占专职教师总数的 69.4%;兼职教师表示满意的仅 2 人,不满意人数达到了 62 人,占兼职教师总数的 92.5%(见表 8)。

表 8　心理健康教育教师工作满意度满意度情况

		人数	百分比	累计百分比
专职教师	满意	13	26.5%	26.5%
	一般	2	4.1%	30.6%
	不满意	34	69.4%	100%
兼职教师	满意	2	5.9%	5.9%
	一般	3	8.8%	14.7%
	不满意	62	92.5%	100%

根据具体反馈,专职心理健康教师对工作不满意的主要原因有:

第一,学校、家长甚至社会大环境对心理健康教育的重视程度不够,轻视或忽略了学校心理健康教育在学生全面发展中的作用。部分学校认为心理健康教育是针对有心理问题的学生的,大部分学生都不需要,并且心理健康教育也不纳入考试加分,开展起来实在多余。针对心理健康教育最直接、最有效的形式——心理健康教育课,很多学校认为就是一门"耍耍课",既"浪费"了学生学习提高分数的时间又浪费了教师资源,索性不用招专业教师,甚至不用开课。因此,开展的心理健康教育也只是以简单的每学期一次的讲座、视频或讲话等形式进行,远没有达到解决和预防心理问题的目的。

第二,学校及教育主管部门对学校心理咨询室、团体辅导室、教师在职培训进修等各方面投入过少。学校缺乏心理健康教育专业师资队伍,哪怕从事心理健康教育工作但基本都是"孤军奋战",得不到学校领导以及同事的理解、支持,没有团队归属感,在专业发展上没有团队互助更缺少专家指导,对自己的专业发展方向感到迷茫,教育效果不理想。

第三,80%学校并未将心理健康教育课纳入课表,心理健康教育课程开设缺乏制度化、规范化的约束。比如部分调查到的学校课表上有心理健康教育课,但要么放在体育课里面,要么放在综合实践课里面,最重要的是课表上的课不一定能落到实处,因为"经常会被其他学科课程占课,尤其是学期末"。有些学校虽开设了心理健康教育课,但仍处于起步阶段,又存在以下几种情况:一是只针对某一个或几个年级开课,覆盖不到所有学生;二是将心理辅导活动课与班团活动一起进行,心理辅导活动属性界定不清;三是心理辅导活动课合班进行,3~4个班一起上,频率为近每月一次;四是在心理健康教育课程的教学中,由于专业教师短缺,没有开发校本教程,没有教材,很多时候只是为了完成任务而开展教学活动。除此之外,还要负责对学生家长的交流、教育工作,负责本校教师的心理健康维护工作,工作范围颇为宽泛。

兼职心理健康教师对工作不满意的原因则在于:首先自己

本身是行政人员或者德育老师,对于心理健康教育工作,几乎都只接受过短期培训即上岗,缺乏系统的心理学专业知识和精深的心理健康教育课程论知识。因此,在承担具体的心理健康教育工作时,只能按照自己的理解要么只针对"问题学生"开展工作,要么按照自己对"课程"的理解将心理健康教育课上成思想品德教育课。深入走访发现,部分缺乏专职教师的学校甚至只为"问题学生"建立心理健康档案,主要的辅导对象也是"问题学生",此处的"问题学生"具体指抽烟、打架、逃课的学生。可见,这些学校的心理健康教育表现出了严重的德育化倾向。由此带来的弊端表现为这种心理健康教育工作的开展不但没有解决大部分学生的困惑或开发其潜质,反而使学生丧失了对心理健康教育课程的兴趣,甚至使学生对心理健康这一概念都产生了极大的误解。同时,这部分被委以"重任"的老师也殷切希望学校能招收专业心理健康教育教师,解决他们"半路出家"还挑大梁的痛苦。但调查也了解到,80%的学校在接下来的2年内并没有招收专业心理健康教育教师的指标,这些兼职教师们还要在兼顾自己"本职"工作的前提下处理好自己学校的心理健康教育工作。

附1:学生访谈实录及感触:

心理健康教师专业成长访谈记录

谈话时间:2018 年 11 月 20 日 17 时 30 分

谈话地点:遵义市凤冈县第 × 中学四楼谈心室

谈话人:毛胜 工作单位:凤冈 × 中

记录人:毛胜

被谈话人姓名: ××× 性别: 女

谈话记录如下:

1.问:您当初是通过什么途径找到这份工作的?想从事教师这份工作又有什么要求或者说条件?

答:我是通过县里面的统一招考找到这份工作的,从事这份教师工作首先你要是本科心理学专业毕业,然后要有心理健康教师资格证。

2.问:×老师,请问您从事这份工作多长时间了?

答:今年应该是6年多一点了。

3.问:您拥有这几年的教龄,有着一定的教育教学经验,那么结合您自己的工作经历,您怎么看待心理健康教师这一职业?

答:我觉得心理健康教育越来越重要,而且发现越来越不足,因为学生群体越来越大,对象来越多,学生的变化也比较大,还要跟得上时代,不然的话就会有年龄的差距,所以学习很重要。

4.问:你可以具体谈一下自己哪方面的不足?

答:不足的话比如说专业知识不足,心理专业知识,应急处理能力,太广了。

5.问:您觉得如何才能做好高中教师这份工作?

答:首先必须要爱学生才行,因为你和他关系比较好,他信任你,他才找你向你吐露心声。除了爱学生以外还要有专业的知识,基本功很重要。

6.问:您能具体谈谈教师在教育教学中如何体现责任心和爱心吗?

答:体现责任心的话,有时候学生的情绪需要你去发现和感受,假如你不是很细心有责任心的话,很可能这节课你下了就走了,可能上课你没有去关注他。爱心的话就是你关注到他了,而且你也能和他去沟通交流,关注他有什么需求有什么困难,他能够主动找你解开心扉。

7.问:如果课堂出现突发状况怎么办?

答:突发情况有,我曾经遇到过,突发情况有很多。

8.问:可以具体谈一谈吗?

答:我记得是在2013还是2014年的时候,我在上课,突然有一只狗钻进了教室,那是一条很大的黑色的狗,当时冲进来以后,我在上课,我在讲台上,我第一反应就是叫全体同学不要动,全部站在桌子上面去,但是那个时候狗还不是很凶猛,然后我叫他们不要乱动，我就看那个狗在干什么。它就转了一下，让我意外的是，有一个学生，吃的薯片，他竟然把狗儿唤出来了，但前提是那个学生很喜欢狗，所以他没有很害怕。当时大家都很害怕，就怕万一出现什么突发状况。还有课堂上出现的意外就是，一名学生在课堂上癫痫病发作了，然后口吐白沫就倒下去了，于是我就立即送她去医院。其他情况倒是没有了，常见的就是学生情绪可能就不是很好，在课堂上哭了起来。

9. 问：× 老师，怎么进行班级管理，如怎么对待后进生、早恋、玩游戏等问题？

答：这个问题很大也很广，因为我们讲的后进生是学习不是很好，但是有些后进生不仅是学习不是很好，而且道德也不是很好，但是我想他一定是有原因的。我们现在学校专门有后进生管理，这一块专门是针对品德上的，比如抽烟、喝酒、打架，专门为他们上政治课，如果是出现心理的问题的话，还是会由我来处理。

关于早恋这个问题，学生都对这个东西比较好奇，如你强硬地告诉他你不要去谈，他就偏要去谈。只能引导他去认识这个正确的观念，去欣赏这个美的东西，去追求这个美的东西。

玩游戏这一块，我们学校周一到周五学生都接触不到手机，都交给班主任，只有星期天才有手机。

10. 问：作为一名学生，我能看到老师课堂上的工作，但对老师课下时间的工作不甚了解，您能描述一下通常情况下教师的工作时间和工作任务吗？

答：工作时间现在每一门学科都不一样，而且工作时间都比较紧，上的课程比较多，学生比较多，所以投入到每一名学生身上的时间就比较少，一般都是课后他们有需要才来找我。

11. 问：那么，您觉得这份工作的压力大吗？有没有觉得很辛苦？

答：我觉得蛮大的，首先我觉得现在只有我一个心理健康老师，因为学生量比较大，一天接触的比较多，但是现在的环境就是如此，每天都要面对很多学生，很多时候不能因为你的身体或者某些事情而选择不去接待。

12. 问：您觉得您所处的教学环境怎么样？

答：教学环境我觉得还行，比如我们学校的足球场，班班通设备，马上就要引进一批新的设备。

13. 问：那您是觉得我们国家教师行业当前的状况乐观吗？您觉得它的前景如何？

答：我觉得还是有点不容乐观，首先是教师队伍比较大，然后待遇也一般。我觉得教师前景还是比较好的，你可以把它做得很好。毕竟人口越来越多，教育还是需要有人去做，而且二胎开放之后，会有更多的孩子需要教育。

14. 问：我可以冒昧地问一下您的月薪吗？教师的福利是不是很高啊？

答：我的月薪大概在五千块钱左右，教师的福利不是很高，因为作为心理健康老师我们没有晚自习，没有周末补课，所以这些都没有，就是基本工资加一点补贴。

15. 问：您觉得做一名教师有没有满足感？有没有感觉自己的价值得到了实现？

答：有，我觉得有满足感，其实作为一名心理健康老师，看到学生走到绝境的时候，我能帮助他重新找回信心面对太阳，我觉得这就是一种成就感，是一种满足。对于自我价值的实现，虽然有时候经济价值不是很高，但是精神价值还是很高的。

16. 问：请您谈谈您由一名新手教师成长为一名有经验的教师的心得与体会。

答：首先心态很重要，你要爱这个工作，爱学生。最基本的就是不能把情绪带进教室，也不能把情绪带进家庭，还有就是你想要变得更好，不断地去努力成长，慢慢积累经验。

17. 问：那对于即将出去实习的我，你会有什么建议呢？

答：你可以抓住这次实习的机会，去衡量一下自己是否真正喜欢这个专业，你喜欢咨询还是喜欢教师。你可以用这段时间去感受一下，通过实习来感受一下自身的不足。

附2：教师成长分析报告

根据上述访谈结果的分析,再结合所学的知识,我认为在一个优秀教师的专业成长历程中,至少有以下四个方面的因素在起着决定性的作用:

第一,执着的专业信念

根据上述 × 老师的描述和自身的经历,使新手教师成长为优秀教师的,不是他们的知识和方法,而是教师对学生、对自己以及他们的目的、意图和教学任务所持有的信念。教师一般总是有自己的信念体系,它可能是从自己教学实践经验中逐渐积累形成或由外界直接接受而来的教育观念,也可能是经过深思熟虑并富于理想色彩的教育理念。

第二,强烈的专业自我意识

× 老师私下给我讲了很多关于教师的专业自我意识的话题,那么我认为专业的自我意识就是教师个体对自我从事教学工作的感受、接纳度和肯定的心理倾向。专业自我意识对教师的教学行为和教学效果有很大的影响。它包括自我意识和专业意识两个方面。自我意识是一个人对自己的知觉,包括对自己的生理、心理、行为以及自己与外界环境的关系方面的认识和评价,简单地说,就是个人对自己的看法。专业意识就是教师意识,对教师的工作成就关系极大,是衡量教师合格与否的重要标志。我认为作为一名教师只要有了明确而强烈的职业意识,就能在工作和学习中获得较大的自主性和创造性,在思想、行为、情感和意图中就具有确切的针对性和开拓性,并能不断避免自我认识上的偏差而更好地运用教育教学手段,以实现工作和生活的最大价值,为教育工作做出贡献。

第三,不脱轨,与时代共前进

一名优秀教师是个体与时代互动的产物。许多优秀教师能够脱颖而出,就是因为他们善于抓住时代发展的脉搏,把握稍纵即逝的机遇,并将机遇变成他们成长的契机。处于入职适应期的青年新手教师只有抓住关键期,从小处着眼,从小事做起,夯实基础,定好目标,抓住机遇,积极锻炼,将来才可能将自己纳入快速成长的人生轨道。

第四,自主超越的探索精神

我们不可能不被我们的经历塑造,我们也可以设法塑造自己的经历。教师专业成长过程体现偶然性、机缘性,关键是面对这种选择时,教师的心态如何。人生不是自发的发展,而是一连串的机缘巧合、事件选择和决定抉择,这些机缘、事件、选择和决定在它们兑现的当时是取决于当事人的意志的。

第三节　问题引发的思考

一、环境影响

教师专业的发展受着多种因素交互作用的影响,在不同的发展阶段,影响教师专业发展的因素又各不相同。尤其是心理健康教育教师这样一个更关注教师自身成长经历和感受的专业学科,贯穿人的一生的生活经历、主观经验、人格特质、家庭环境和教育因素都会直接影响到心理健康教师的心理素质和日后的专业素养。在强调教师专业发展一体化的今天,师范教育阶段准教师们的专业知识、教育技能的获得有赖于专业科目、教育科目等职前教育计划安排的正式课程的学习;同时,师范生的社会背景、人格特质、学校的教育设施、环境条件等都是影响师范生专业发展的主要因素。入职后教师的生活环境更多地影响着教师的专业发展,大至时代背景、国家政策,小至社区环境、学校文化,都直接影响着教师的专业发展。

无论是处于教师专业发展的哪一阶段,在影响心理健康教师专业发展的众多环境因素中,政策层面的作用都举足轻重。相较于西方发达国家甚至我国台湾地区学校心理健康教育事业的发展,我国中小学心理健康教育的工作起步较晚,国家至今还没有制定中小学心理健康教育教师的入职条件及工作规范。1999 年,教育部颁布了《关于加强中小学心理健康教育的若干意见》(教基 [1999]13 号),首次对我国中小学心理健康教育的主要任务做出规定,并要求积极开展对从事心理健康教育教师的专业培训,对专业知识和实际能力达不到要求的,规定不能安排做专职心理咨询教师;未配备合格心理咨询教师的中小学,暂不开展心理健康教育。从这时起,我国就对师范院校心理健康专业学生的培养提出了意向性的要求。2002 年 9 月,国家教育部下发了《中小学心理健康教育指导纲要》(教基 [2002]14 号)。《纲要》对中小学心理健康教育的指导思想、基本原则、目标与任务、主要内容以及开展心理健康教育的途径、方法和组织实施再次做出规定。就全国范围而言,《纲要》在一定程度上起到了普及中小学心理健康教育的作用,但由于各地经济水平不一、教育理念各异,全国中小学心理健康教育工作的推进程度差异巨大。以上海为代表的发达地区学校心理健康教育工作细则要求逐渐出台,中小学心理健康教育的师资队伍逐渐建立,专职中小学心理健康教育教师和其他成员对自己应承担的工作职责、在中小学心理健康教育工作中的角色定位也有了一定探索。但相比较而言,经济不发达甚至落后地区的中小学心理健康教育工作基本还流于形式,即便开展了相应工作,但各地的工作模式、规范程度也参差不齐。

因此,政府层面可以从政策上进一步加强和推进学校心理健康教育工作,提高全社会对学校心理健康教育重要性的意识;在财政上加大对职前和入职后心理健康教育教师培养的资金、人力投入;结合心理健康教育在职教师普遍反映的评职称难、专业处境尴尬的问题,教育部门应考虑加快完善心理教师任职资格制度,重视心理健康教育工作者的作用,增加心理健康教育教师的编制,提高心理健康教育老师的待遇,有针对性地持续推进心理健康教师的在职进修与培训,从而让更多的心理学师范生有更大的热情投身到心理健康教育事业当中，让已经入职的心理健康教育教师的专业发展有所保障。针对当下中小学心理健康教育开展进度不一的情况，在出台政策保障的情况下，继续加大对学校心理健康教育工作的资金投入，尤其是经济不发达地区，保证每个学校至少能有一间心理咨询室，能有一个专业的专职心理健康教育教师。

中国科学院心理研究所国民心理健康评估发展中心近年来曾三次进行国民心理健康服务需求相关调查，有88%的受访者认为心理健康教育工作重要，同时有74%的受访者认为"心理咨询服务不便利"，这提示民众的心理健康教育需求与目前能够提供给民众的心理健康服务之间的差距很大。所以，从社会层面，相关媒体部门应对学校心理健康教育作正确的价值引导，以使更多人尤其是学校、学生家长理解并接受心理健康教育，提高全民对学校心理健康教育的重视，而非"唯分数论"，用能否直接提高学生成绩来决定学校心理健康教育工作的开展与否。

二、学科专业发展

师范生在学校接受职前教育阶段的核心任务是学会学习，即使是经过了实习阶段，专业发展主体所接触到的中小学实际和教师生活仍具有某种虚拟性，缺少对专业教师的体认，这使得专业主体对教师角色的认识更多地停留在想象层面，专业发展意识比较淡薄，但这一时期的学习对其今后的发展起着极其重要的作用。尤其是经历了实习期的"洗礼"，很多师范生由于体验了面对复杂多变的课堂时的心理"煎熬"，会由此产生一定的认知冲突，部分师范生会重新审视自己的职业追求，也有部分学生会在对自己进行灵魂拷问后直接放弃教学领域，而大部分学生会接受现实冲击，继续从教。

附：2013级F实习总结

实习对我来说是个既熟悉又陌生的字眼，虽然已经是大四，但对于实际社会工作还是茫然的，因为毕竟书本上的内容只是一个抽象概念。难得的实习机会，我想把握时机把实习工作做好。总体来说，在这段时间里我学会了一些比较具体的事情的处理，但确实也深刻体会到了工作的辛酸，觉得自己在学校所学的专业知识严重不足，不能适应现实工作要求，有时候感觉确实无从下手。具体来说问题如下：

（1）知识面狭窄。在实习中会遇到很多问题不能给予解答的情况，以前不懂"要给学生一杯水，教师要有一桶水"的道理，现在明白了每个学生都是不同的个体，他们每个人接触到的知识都有其新奇之处，所以老师要有足够大的知识储备才能应对学生提出的各种问题。比如在小学实习的我有一次就被学生问到"老师你看过'阿衰'没有？你知道《十万个为什么》里的恐龙为什么会消失不？"当时我就词穷了，因为这些我都不知道！瞬间感觉自己连个小学生都不如了。诚然，教师也不是百科全书，但不能及时解答学生问题时的窘迫还是深深刺激了我，也提醒我一定要多积累一些知识，以备不时之需。知识是人类进步的阶梯，所以我在实习中的第一感觉就是自己拥有的知识不够用，平时要多充充电，充实自己的生活，开阔自己的视野。

（2）解决问题能力欠缺。在一次上课的过程中，在我转身写字时，一位坐在窗子边的小男孩就把头伸出窗外不知对一位老奶奶说了什么，老奶奶下课就冲进教室，用手指着窗户边的那几位同学说："你给我说清楚，在家你父母就这样教你的吗？"我向她了解了事情的原委才知道，窗户边的几位小学生骂她了。尽管老人说跟我没关系，是家长没有教育好孩子，但在我的课堂上发生的事，肯定与我有关，我应该负一部分责任。但当时的我的确不知所措，于是打了电话给班主任老师，请家长来解决一下，老奶奶才安心离开学校。我立刻做了自我反思：正是由于我没有关注到课堂上的每个学生才导致这样的事情发生，并且事发后我也没有解决好这次突发状况。所以可以看出自己的课堂管理能力和应变能力都还很欠缺，除了知识的积累我还应该努力提高自己动手解决问题的能力，这样遇到问题才不至于手足无措。

当然实习过程中也让我收获颇丰，如在实习中跟班主任老师学习了很多班级管理的知识；参加全校优质课的听课活动时从这些老师身上学到很多：一是认真负责；二是知识的渊博；三是态度诚恳；四是关注学生；五是注重沟通等。实习中一位年级主任的一句话对我的影响很大，他说："纪律是上好课的基础，纪律都没有管好，何谈上好课呢"！的确，一节好课是学生和老师相互配合才完成的，有良好的纪律做前提才能保证听课的效果和效率。

"路漫漫其修远兮，吾将上而下求索！"实习过程全面检验了我各方面的能力：学习、生活、心理、思想、行为等。它就像是一块试金石，检验我能否将所学理论知识应用到实践中去。实习目的在于通过理论与实际的结合、个人与社会的沟通，进一步培养自己的业务水平、与人相处的技巧、团队协作精神、待人处事的能力等，尤其是观察、分析和解决问题的实际工作能力，以便提高自己的实践能力和综合素质。学校的生活环境和社会的工作环境存在很大的差距，学校主要专注于培养学生的学习能力和专业技能，社会主要专注于员工的专业知识和业务能力。要适应社会的生存要求，除了要加强课堂上的理论知识外，还必须要亲自接触社会参加工作实践，通过对社会工作的了解重新认识自己的追求，慎重思考自己的人生道路！

一部分实习同学的反馈印证了教育部颁发的《关于加强师范生教育实践的意见》（教师[2016]2号）中指出的：师范生教育实践依然是教师培养的薄弱环节，师范毕业生的教育教学能力尚不能完全适应中小学（含幼儿园、中等职业学校、特殊教育学校）的需要。地方高师院校以培养未来中小学教师为主，按照2012年2月教育部下发的涵盖了中学、小学和幼儿园教师的《教师专业标准(试行)》,以中学教师为例,遵从和倡导的基本理念是"师德为先、学生为本、能力为重、终身学习"。其中"能力为重"要求教师要"把学科知识、教育理论与教育实践相结合,突出教书育人实践能力;研究中学生,遵循中学生成长规律,提升教育教学专业化水平;坚持实践、反思、再实践、再反思,不断提高专业能力"。师范生教育实践能力的培养是教师教育课程的重要目标和组成部分,是教师培养必不可少却又比较薄弱的环节。在心理健康教育教师的教育实践中,除了专业教学,还包括个体咨询、团体辅导、社团建设、主题活动以及常规管理等各项技能。如何提高心理健康教师们的教学技能、辅导能力和组织管理能力,从而增强他们的教育教学能力,全面提升教师培养质量,是一个值得高师院校思考的专业发展问题。

2009 级 G 心理健康教育专业发展工作总结

从 2013 年 9 月份至今,我一直担任心理健康教师,主要工作是负责七年级 5 个班的心理健康教育课(每周一节),学校留守儿童和心理咨询室的日常工作。还记得我刚参加工作那年,看到身边很多同学都以心理老师招进学校,却上着非专业的课,那时的我很感激学校,能给我机会上专门的心理健康课。但我也很苦恼,不知道该怎么上课,当时又没有专门的教材,学生也只有一本类似于自读教材的《健康教育》,学校也只有我一个心理健康教师,所以我开始在网上搜关于心理健康教育课的视频学习听课,学完后再做课件准备上课,那时候也很有激情,认真准备,学生也喜欢上活动课,只是有时候忙着引导学生做活动,却没来得及分享感受,所以每次上完课感觉效果不好,就这样一直摸索着,上到了现在。在工作期间,也感受到了其他老师对心理健康课和心理咨询的误解,有部分老师认为学生好好的,不用上心理健康课,他们认为上这种课是浪费学生的时间,尤其是到了期末,就会有语数外的老师占用我的课复习考试,对于心理辅导更是不被理解。有些老师总认为学生犯错误了，就应该受惩罚，被打，不用找学生谈话，而我总觉得学生犯错误是可以理解的，我们应该找学生谈谈心里话，然后适当地引导。可人微力薄，改变不了现状。作为乡镇心理教师，还有一个关键点是，缺乏交流学习的平台，不能提升专业知识，参加优质课竞赛的机会也很少，要想评个职称也是难上加难。尤其现在评职称要求必须当班主任，这个学期由于学校缺数学老师，所以开学初学校安排我当班主任，同时带一个班的数学课，其实我很不愿意，可也改变不了什么，只能感慨自己就是一块砖，哪里需要往哪里搬。这就是我这几年上心理健康课的经历。下面我谈谈课程设置的建议吧！

我现在回想大学四年的学习，上班之后真正用上专业知识的，好像很少。一方面我觉得可以在学校心理健康课程方面多加一些具体的教学内容及方法，便于后期实习的参考。另一方面，对于心理咨询方面，可以适当添加一些实操课程，同时，对于现在经常说到的危机干预，很多时候都把它归为心理健康工作，可对我来说至今都不懂什么叫危机干预，危机干预具体需要做些什么等也不清楚，所以我建议在大学课程中可适当添加相关内容。同时如果能出一本专业的中小学心理健康教育教材，供我们学习使用就更好了。

三、职业生涯规划

职业生涯是人生中的重要组成部分，需要投入大量的时间和精力。对于师范生而言，只有先确定了自己的专业发展方向，再积极地制订出适合自己的、科学的职业生涯规划，并为之付出努力，才有可能成长为一名合格的教师。因为就教师专业发展的角度而言，其发展虽然会受到外部环境的影响，但教师个体才是左右自身专业成长的决定性因素。正所谓"凡事预则立，不预则废"。根据教师职业生涯发展阶段理论，职前培养阶段是教师专业成长过程中的重要组成部分，职前成长阶段是"教师特定角色的准备期,是师范学院或大学初始培养阶段""教师职前阶段的基础与状态,昭示着不同未来,不同的职业生命力"。对于准教师来说,尽早进行职业生涯规划,有利于师范生准确自我定位,了解学校对教师职业的人才规格需求,尽早确立职业发展目标,提升个人基本职业能力,从而更顺利地从教等。可见,教师专业发展依靠教师职业生涯规划,科学完善的教师职业生涯规划可以有效地促进教师专业发展。

但分析学生就业情况及从教学生的反馈资料发现,近一半学生对自己的未来没有规划,持"毕业再说"观点的师范生不在少数。而对于一进大学就需要思考、填写的《成才规划》,绝大部分同学都当成老师安排的任务"把该填的部分按要求大概写上就行了",现实执行的却是另一套"随遇而安"的方案。在将近四年的成长时间里,所谓的职业生涯规划也基本是被动按学校安排进行的,如"大二上半学期很紧张,可以考普通话、英语四级、计算机,又都是必须得考的,所以没时间安排其他内容。大二下半学期、大三专业课都很多,基本上也没有自己安排的余地"。可见,大部分师范生是由于忙着考证、过级、实习、找工作,"没有时间去规划"。另一方面,也有些同学虽然做了规划,却与现实差距过大,基本没有实现的可能,导致中途迷茫、放弃。在追踪学生就业情况的过程里,让我印象深刻的是四个考取了公立学校教师编制或教育行政部门又都辞职了的学生。

学生甲:我本来考取的是酒都一个不错的教育主管单位。由于在学校一直是学院学生会主席,经常参加活动积累的实践经验比较多,所以笔试过后比较轻松地就应聘上了。工作半年就辞职了,因为我发现教育系统的行政工作太繁琐,不太适合我,所以我毅然辞职出来做生意了。

学生乙:许老师好!我做了一年的老师就改行了!

师:啊?现在干啥呢?

生:现在做 ATM 机维护!

师:哇,跨专业了!当初为啥要改行啊?

生：原因很多！其中一个，就是这个工资要高一点！

学生丙：许老师好！我辞职了。

师：哦，现在在哪高就呢？

生：现在在区民政局。

师：挺好的！在学校待了几年？

生：一年。

师：为啥辞了呢？

生：就是换个工作，政府部门适合我一点。××区民政局。

第四个辞职的学生是我带班主任、考取了特岗教师的一位男同学。听说他辞职是在我对他访谈之后的第六个月，回头翻看当初的访谈记录时确实看到了他已经萌生出了辞职创业的念头。在唏嘘这些同学做出辞职决定的同时，也感叹大学学习阶段缺乏对自己职业生涯进行规划的意识。

处于成人初期的大学生开始形成他们最初的人生观和价值观，相较于青少年时期，他们更加了解自己，也更加关注于自我的认知和定位。随着他们对自身认知的加深和专业知识、技能的学习，初步具有了一定的职业规划能力，能够根据自身的特点判断自己是否具有成为一名人民教师的潜质，初步确定了自己的发展目标和发展路线，进而逐渐形成适用于自身的职业规划。但是，刚从青春期过渡而来的大学生心智发育仍然没有完全成熟，加上社会经验的缺乏，很容易设置过高的职业期待。一旦进入践习阶段，不能将现实环境条件与自己的职业理想进行整合，就很容易产生自我怀疑甚至放弃对教师职业信仰的追求。因此，为大学生创造更多在实践中及时调整自己职业生涯规划的机会，不但有利于师范生深入了解自己，更有益于立志成长为一名人民教师的大学生对照自己的职业理想与现实之间的差距，进而适时调整，克服困难，坚定职业信念，为实现自己的发展目标而努力。

对于新手教师而言，除了寻求外在的职业生涯发展的指导外，还可以从学会反思入手提升自我的专业成长。首先，新手教师在学校不重视的情况下可以做的是给自己准确定位，思考自己能为学校、学生做些什么,从而引起学校、学生对心理健康教育的重视,而不是一味怨天尤人,抱怨"环境差、没人重视"。其次,对于已经开展了心理健康教育的学校,专业教师应该积极提升自己的专业胜任力。比如通过参与校本课程开发、定期参加教研活动和教学技能大赛等不同途径和方式,将自己所学与学校、学生实际相结合,从而实现与学校同发展,与学生共成长。

第三章　我们在行动

　　十八大以来,习近平总书记高度重视教师队伍建设,对新时代教师队伍建设做出了一系列重要论述,是新时代教师队伍建设的指导思想与政策依据。《中国教育现代化2035》进一步明确提出"建设高素质专业化创新型教师队伍"就是要"努力建设一支有理想信念、有道德情操、有扎实学识、有仁爱之心的教师队伍,更好地承担起传播知识、传播思想、传播真理,塑造灵魂、塑造生命、塑造新人的时代重任"。而为了建设一支高素质的中小学教师队伍,教育部于2017年印发了《普通高等学校师范类专业认证实施办法(暂行)》,旨在通过师范专业认证推进师范专业人才培养质量的提升。而我们也抓住这一契机,结合调研中发现的问题,在保持原有优势操作的基础上展开了一系列行动。

第一节　理论支撑,践行师德

一、课堂理论武装头脑

　　《中学教师专业标准(试行)》从"职业理解与认识""对学生的态度与行为""教育教学的态度与行为""个人修养与行为"四个领域对中学教师的专业理念与师德提出了十九项基本要求。这些基本要求突显了教师"师德为先""学生为本"的基本理念。与此对应,《中学教育专业认证标准(第二级)》在毕业要求"践行师德"板块提出了"师德规范""教育情怀"上的具体要求。《中学教师专业标准(试行)》对于"师德为先"理念的解读为：热爱中学教育事业，具有职业理想，践行社会主义核心价值体系，履行教师职业道德规范，依法执教。关爱中学生，尊重中学生人格，富有爱心、责任心、耐心和细心；为人师表，教书育人，自尊自律，以人格魅力和学识魅力教育感染中学生，做中学生健康成长的指导者和引路人。

为了培养一批师德高尚、热爱教育的基础教育心理健康教师，学校立足课堂这一主阵地，分别开设了《马克思主义原理》《毛泽东思想和中国特色社会主义理论体系概论》《中国近现代史纲要》以及《形势与政策》等系列课程，以增进师范生对中国特色社会主义的思想认同、政治认同、理论认同和情感认同；先后开设了《思想道德修养与法律基础》《教师职业道德》《教师专业发展》以及《教育学》《教育心理学》等课程保障师范生树立从事心理教育和服务的信念，认同心理教育工作的意义和专业性，并能形成正确的人生观、价值观，负责任、能创新地对待学生和即将从事的心理健康教育工作。

二、校园活动获得体验

大教育家杜威强调"在做中学"；陶行知先生也说："行是知之始，知是行之成。"为了增强学生的归属感、形成专业认同感，加快新生对大学生活的适应，新生入校伊始，学院每年都会奉上一台精彩的迎新文艺晚会。其中，专业认同感是指个体在对专业认识、了解的基础之上从心底接纳和喜爱，进而付出行为和努力，它包含了认知、情感、行为和评价四个部分。而师范生能否对自己的专业产生认同，直接影响他们的学习投入程度，更影响他们将来的职业选择与职业认同。对自己的专业持认同态度的师范生更容易确立自己的职业目标，在入职考核中也将更具竞争力。社会心理学把个人对特定群体与组织的认同、喜爱和依恋的心理感觉称为"归属感"，与之相反的是"疏离感"。如果师范生对自己的学校没有产生归属感,在今后的专业发展中将表现出低动机或抗拒。各类校园活动的开展正是为了展示校园文化、体现专业特色,在丰富师范生精神生活的同时,潜移默化地感染着其集体归属感和专业幸福感的养成。除了节目精彩分层的各类晚会,革命诗词诵读会、大学生诗词楹联创作大赛、大学生书法大赛、"爱我国防"演讲比赛等校园活动的开展,不但弘扬了中国传统文化,丰富了校园文化生活,更有助于提升师范生的人文素养,培养高尚的审美情趣,切实践行社会主义核心价值观。

三、志愿服务升华情感

瑞士民主主义教育家裴斯泰洛齐曾说过:"实践和行动是人生的基本任务;学问和知识不过是手段、方法,通过这些才能做好主要工作,所以人生必须具备的知识应该按实践和行动的需要来决定。"美国华盛顿国立图书馆的墙壁上也写有三句话:"我听见了,但可能忘掉;我看见了,就可能记住;我做过了,便真正理解了。"可见,动手操作、实践探索是何等的重要! 围绕培养"留得住、下得去、用得上"的人才培养目标,坚持服务学生、服务教学的理念,同时为了拓展学生的知识面,增加他们与社会接触的机会,促进大学生对社会的了解,进而实现书本知识和实践知识的更好结合,树立正确的世界观、人生观和价值观,心理学专业的三下乡活动每年都开展得有声有色。

青年志愿者活动具有极强的实践性,是课堂之外的实践平台,注重在实践中充分发挥大学生的主体作用,强调志愿者在参与活动中获得自身的成长,并实践对社会的责任感。准教师们利用自己所学的心理学专业理论知识和技能或带领小组进行团体辅导,或用自己所长办一场别开生面的心理健康讲座,或利用心理辅导技术带所服务的学生来一趟"心灵之旅"。心理健康进学校、进社区、进家庭活动中最活跃的就是心理健康志愿者的身影,为山区孩子带去趣味心理游戏,为社区家长的亲子沟通答疑解惑,为特殊群体的成长送去温暖和关爱,每一次走进广阔天地的旅程都强化了专业知识,提高了专业技能。他们用自己的尊重、关爱和负责践行师德,以积极的心态和人格魅力感染学生,促进学生身心健康的同时也端正了自己的学习风气,提升了综合素质,更强化了扎根西部、奉献山乡教育的奉献精神。师范生们在实践中感知、体会、领悟、成长,这些社会实践都有助于启发他们自觉地把个人前途同国家富强、民族复兴相结合,把个人理想融入国家和民族的发展事业中,从而自觉地提高自身的社会责任意识和职业价值感。

图为 2015 级心理健康志愿者随遵义市未成年人心理辅导中心进社区送心理知识

图为 2016 级心理健康志愿者随遵义市未成年人心理辅导中心开展素质拓展活动合影

图为 2015 级心理健康志愿者随遵义市未成年人心理辅导中心进社区送心理知识

四、导师助推引领成长

某个秋天的晚上,接到任遵义第 × 高级中学专职心理健康教师的好友发来的截屏,隔着屏幕都能感觉得到她那一刻的欣慰与满足。那是一种春风化雨、润物无声后的喜悦,虽不张扬却用自己的行为默默感染着一个人,甚至影响了一个生命发展的走向。类似的经历我也在带导师制学生的过程中遇到过。用他的话说:老师,因为信您,喜欢您现在的生活状态,所以我也选择将来做一名心理健康老师!那一刻,职业幸福感爆棚!

有人说:读万卷书不如行万里路,行万里路不如阅人无数,阅人无数不如名师指路!在大学生成长的道路上,我们不一定是能给他们指路的名师，却可以成为他们树立人生理想、明确奋斗目标、充实度过大学生活的引导者。刚从高中升入大学的孩子们往往对大学充满了好奇、向往，同时也有陌生，在建立专业认同之前他们更急需找到心理上的归属感。本着"以学生为本"和"因材施教"的教育理念，新生导师制每年都会在新生入校的第二个月准时启动。和谐的师生关系是未来良好沟通的前提，导师们总是先用自己的人格魅力感染学生，用自己的耐心真诚帮助学生解决心理上的困扰、成长中的困惑以及生活上的困难。老师们把导师工作作为立德树人、课程思政的重要载体，不拘一格地采取线上线下、课堂内外、面谈电话等多种方式，充分利用教室、食堂、办公室、校园等多地点与学生进行有效交流，导心、导学、导行同步走，具体生活适应与专题读书指导共进行，既增进了师生情谊，更在潜移默化中完成了对学生的思想引导、学业指导、生活指导、心理疏导和专业辅导。

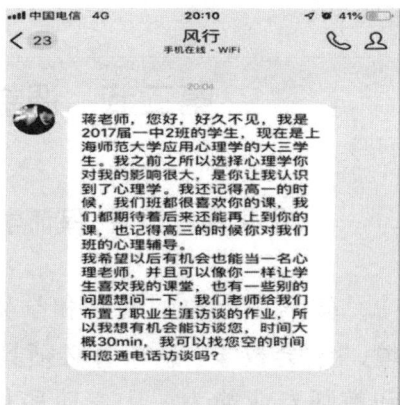

图为 2019 级新生导师制工作启动会现场

第二节　课堂内外，学会教学

一、优化课程设置，保证学科素养

　　教学是由教师的教和学生的学共同构成的一种特殊生活情境，"学会教学"意味着必须具备相应的教师教育知识、专业知识和教师专业能力。大学阶段保证师范生获得这些知识和能力的重要前提就是高质量的专业人才培养方案。专业人才培养方案是对人才培养目标、基本规格以及培养过程和方式的总体设计，是学校保证教学质量的基本教学文件，是师资、校内外实训基地等教学条件建设的前提，是组织教学过程、安排教学任务、确定教学编制的基本依据。课程是教育思想、教育目标和教育内容的主要载体，课程建设是培养方案实施的载体。在意识到本专业课程设置存在的问题之后，我们首先对人才培养方案进行了修订。第一块内容是课程设置的变化。除了教育部要求师范生必须掌握的基本技能之外，我们重点打造学生的专业基础。尤其是对于准心理健康教育教师来说，由于这门课程的活动性质，决定了要学会心理健康教育的教学必须具备大量的理论和实践经验。尤其是当前心理健康教育在中小学发展并不完备的情况下，我们的准教师绝大部分自己在读大学之前也不曾体验过心理健康教育课，更谈不上被这门课的魅力所吸引。因此，要经过几年的训练就能给学生呈现精彩的课堂教学，学校的课程设置尤为关键。

　　为了能使学生系统掌握心理学基础知识和基本理论，了解心理学的发展历史和趋势，掌握心理研究的基本方法、手段和技能，了解心理学与其他学科的联系，了解心理学与社会实践的联系，我们在毕业生和用人单位意见反馈的基础上反复修订人才培养方案，力求使我们的准教师一入职就能胜任中小学的课堂教学。在不断优化《咨询心理学》《团体心理辅导》《学科教材教法》等专业基础课程教学效果的前提下，针对学生反馈的人才培养方案中实际动手操作课程较少的情况,我们在 2015 版人才培养方案里增加了《中小学心理健康教育》《心理实操技能》以及《校园危机干预》三门实操性的课程,分别对应于准教师们的专业教学、团体辅导和危机干预能力的培养与提升。例如,《中小学心理健康教育》的学习可以提高全体学生的心理教学专业素质,培养他们积极乐观、健康向上的心理品质,充分开发他们的专业教学潜能,为日后教学的顺利开展奠定基础。《心理咨询实操技能》这一课程就由三位专长不同的老师来承担。这一课程就是专门针对咨询技能进行操作演练而开设的,该课程在咨询心理学基础上进一步加强咨询操作技能训练,从心理咨询基本设置、管理、接待、咨询实操技能、咨询师的成长修养等角度入手,将咨询实操中的相关知识和技能整合起来,训练学生在咨询中的实践能力,是应用心理学专业的专业方向课程。该课程的学习有助于学生将咨询心理基本知识应用于咨询实践中,掌握基本的咨询技能,提升学生心理咨询师的基本素养,帮助学生形成正确的咨询理念和咨询职业伦理。通过该课程学习,学生可以掌握咨询室设置和管理,建立咨询关系;掌握中外心理咨询专业伦理,通过接待和倾听,进行咨询评估和咨询目标的设置;培养学生的共情能力和洞察分析能力,学会咨询中自我觉察和反省;提升言语非言语信息的解读和表达能力,让学生形成正确的专业成长观念,从而使学生在毕业后进入心理咨询岗位时能够具备基本心理咨询的知识和技能。

图为《心理健康教育课程与教学论》课上学生在体验活动"无敌风火轮"

《心理咨询实操技能》分别涉及《意象对话心理治疗》《艺术治疗》和《箱庭疗法》。意象对话心理治疗技术比较简单易学，在中小学心理健康教育与咨询中得到广泛应用并取得良好的效果。该课程以精神分析、荣格分析心理学、人本心理治疗、东方心理学等为基础，应用意象为媒介进行心理测验和咨询治疗，为心理咨询师的专业成长提供了很好的工具，可以帮助学生掌握一门咨询技能，以适应今后的咨询工作。同时，通过学习本课程可以帮助学生提升心理素质，增进自我认识，促进心理健康。《艺术治疗》是一门结合创造性艺术表达和心理治疗，从而给人们提供心理帮助的心理学分支学科。在治疗关系中表达经验和作品呈现出来的回馈，具有发展（成长）、预防、诊断和治疗的功能。个人情感、问题与潜意识在治疗关系中被发掘与体悟，进而在治疗关系中加以解决与处理，帮助个案达到自我了解，调和情绪，改善社会技能，提升行为管理和问题解决的能力，促进自我转变与成长、人格统整及潜能发展。而《箱庭疗法》是一种独特的艺术治疗方法，借助沙箱游戏的方式来完成许多单纯言语会谈中无法解决的问题，是备受中小学欢迎的校园心理咨询方法之一。

图为 2016 级学生的沙盘作品

图为2017级学生在《艺术治疗》课上关于水意向的作品

图为2017级学生在《艺术治疗》课上关于制药人意向的作品

针对中小学突发事件较多，新手教师应对无措的反馈，《校园危机干预》课程及时上线。该课程旨在使学生掌握应对学生自杀、亲友去世或遭遇意外事故等校园常见危机事件的干预方法，以及危机预警和心理保健工作的内容和方法，做到防治结合。通过危机干预模型和案例分析相结合的方式来解析校园危机干预工作的主要方法。同时，通过本课程，使学生掌握常见的校园心理保健工作，以及建立校园心理危机预警体系的工作方法。

上图均为 2016 级学生在《校园危机》课后完成的手抄报作业

二、点亮实践教学，知识生成能力

与以往人才培养方案中上满十八周理论的课程设置相比，在新的人才培养方案中第二块大内容就是增加了两周的实践教学体系。由于实践技能是使心理学从理论走向应用的桥梁，因此也是实践教学体系的核心内容。实践教学体系包括两个模块：其一为心理实操技能工作坊(一周),其二为教学见习(一周)。特色为可概括为:组建团队,开设工坊;聚焦主题,磨炼技术;兴趣主导,多元选择;走向应用,服务社会。其中,心理工作坊的目标设定为:

(1)以专长为核心,组建教学团队。学生专业教学实践体系的达成需要有理论功底扎实和实践能力过硬的教师教学团队。因此,以专业教师的技能专长和研究主题为核心,为学生设计多个心理学技能实操工作坊。学生在第 2～6 学期需至少选择 4个工作坊,可重复 2 次选择同一心理工作坊(每个学期选择何种工作坊由学生决定)。

(2)以兴趣为主导,熟悉几种技能。从大一(下)开始,每学期根据兴趣选择一个心理实践技能工作坊(3～5 天)。5 个学期需选择 4～5 个不同的工作坊,领略不同实践技能工作坊的不同功效,并且能熟悉每种工作坊的基本操作流程。

(3)聚焦一个主题,磨炼一门技术。结合自己选定的方向,聚焦一个心理主题。在带组老师的指导下深入理解该主题,并通过不断锤炼一门技术作为工具,解决该心理主题呈现的诸多问题,由技进乎道。学生需要达到熟悉流程,并且能进行实操。

(4)以应用促进学习,服务社会经济。每一学期都有不同年级的学生选择同一个工作坊的情况,而团队具有异质性可以促进不同年级学生的相互学习,互帮互助。同时每学期以工作坊为核心组建的学习小组,可以将学到的技术方法应用到每学期的教学见习和社会实践中。

在第 2～6 学期每学期进行的心理工作坊结束后,是为期一周的教学见习。其中,考虑到第 7 学期是教育教学实习(大四上),故第六学期(大三下)教学见习可为两周。学生每学期为期一周的教学见习地点重点是学校,其次可为社区、企业、心理咨询机构、戒毒所、精神病院等。根据不同年级学生的特点,其教学见习目标也有所不同。具体如下:

大一:看。大一学生理论知识的学习尚少,实践技能不足。到不同教学见习点的主要目标是参观,感受,对心理学如何应用于实践有些初步的印象。

大二:悟。根据应用心理学专业的课程安排,大二学生已经学习了教育心理学、发展心理学、变态心理学、咨询心理学、管理心理学、人格心理学、心理测量等。因此,大二学生教学见习的主要目标是要对所学理论与现实进行深入体验,对照鉴别,有所领悟。

大三:行。大三学生学习了社会心理学、心理学教学法,并在过去的几个学期里通过参加心理工作坊,教学见习,实习前的说课试讲等训练,已经初步拥有相应的学科素养,成为一名心理学"准教师"或"准心理工作者"。所以,大三的教学见习目标为"行",即能从事相应的实践操作,并且能以平等的身份与见习单位的员工进行对话交流,并且就一些主题展开有一定深度的探讨。

迄今已开设的工作坊有《观影疗心工作坊》《青春健康工作坊》《职业生涯规划工作坊》《绘画心理分析工作坊》《意象对话工作坊》《箱庭疗法工作》《哀伤心理辅导工作坊》《人际关体——团体心理咨询工作坊》《学习能力提升工作坊》《正念工作坊》等。第一周,老师带领自愿选报的学生开展工作坊学习,第二周则进入基地学校或与工作坊相关的实践应用单位进行见习。另外,为了加强专业与基础教育学校的交流,一线教师也被邀请参与学生工作坊。实践考核根据实践周结束后的《实践周报告》和实践报告比赛的表现综合评定。

以下为部分工作坊学生的"实践报告"作品展示。

我的青春不任"性"
——XXX实践周报告

新一轮实践活动开始了,而我选择的工作坊也是比较切合当下大学生必须知道的一些心理健康问题。其中主要讲了"性"、性别角色扮演,避孕和艾滋病的相关知识。原来对于这一系列的知识只有很浅的认识,然而通过工作坊的学习使得对这一系列问题有了一个正确的认识和积极的态度。

　　性不仅仅指一个人的生殖系统和作为男人或女人的生殖器官活动，即性感受或性交，它涉及人的生理、心理方面的内容，是每个人成长过程中至关重要的因素。性包括作为男人或女人所具备的吸引力、恋爱、与人相处，包括性亲密以及实际的性活动所涉及的所有感情、思想和行为。通过在青春健康工作坊的学习中，我了解到性是很自然和正常的事情，发育成熟的青少年和成年人一样会有性欲望，也使得我对性有了正确的认识和积极的态度。然而良好的性态度包括四个方面：一、健康（接纳自我、性别、性角色、性需要）；二、平等（尊重他人性取向、不剥削、不侵害、不利用、不强制）；三、客观（基于正确的性知识，超越个人经验与偏见）；四、负责（对如何处理自己的感受负责，勇于承担、反省性行为可能造成的后果）。

　　性别角色扮演的目的在于如何去做决定，使我们对性别的认知除了生理性别，还有社会性别。其中社会性别是指在一定的文化社会中，由社会构建的性别角色、责任和期望。这些角色、责任和期望源于家庭、朋友、社区、学校、工作场所、广告及媒体。社会性别也受风俗、法律、阶级、种类、个人或社会偏见的影响。"女性"和"男性"的含义就在这些过程中得到界定，并随着时间的推移和文化的不同而有所变化。自然而然，社会赋予了我们一些相应的责任、权利和义务。但随着社会的进步发展，所赋予我们的责任、权利、义务也会发生相应的改变。

避孕知识是完备性知识其中重要的一环,避孕的方法有如下几种:安全套、口服避孕药、子宫帽、安全期等,其中安全套是使用较为方便、价格便宜、安全的一种方法。艾滋病是一种病死率极高的严重传染病,目前还没有治愈的药物和方法,但可以预防,主要传播途径为性接触、血液、母婴三种。正确地使用安全套不仅可以避孕,还可以有效地预防艾滋病。

因此,健康知识的储备是知识系统的重要一项,也是必不可少的一项。感谢青春健康工作坊的老师和同学们,让我从中学到了丰富的知识,弥补了一些不足。

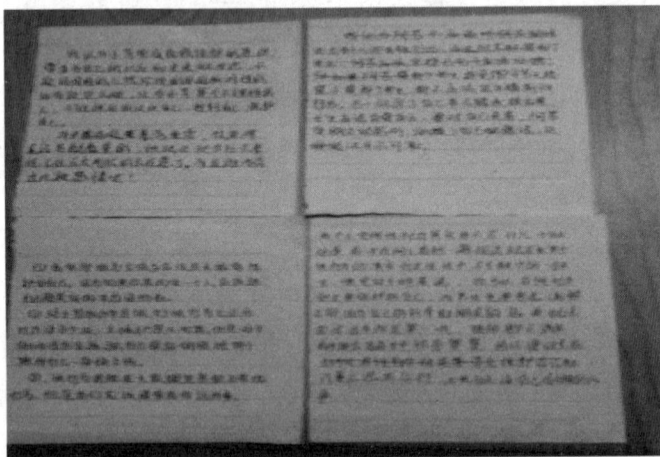

实践小课堂

参与人员：杨光鹏、李坤、李金剑、吴长建

活动主题：分析阿芳和丁刚的故事

活动目的：认识性别视角下的性行为观念及其对我们的影响

活动准备：纸张、笔、照片显示"阿芳的故事"和"丁刚的故事"

活动流程：

一、分成两组，一组发送"阿芳的故事"，另一组发送"丁刚的故事"，并阅读和思考。

二、讨论

1. 你怎么看阿芳／丁刚，用形容词描述？

2. 你怎么看待阿芳／丁刚对处女／处男问题的担忧？

三、分享

各小组讲出相应的感想与影响。

四、总结

性别偏见往往反映或者强化了人们对"性"的狭隘甚至错误的态度。每个人都可以自行决定自己的行为方式，只要这种选择是不伤害他人的、负责任的。正确的性别观念对于人际互动、两性关系调适，乃至社会的人际和谐很重要。

最后感谢室友们的参与，并且把所学知识运用于实践周，从中可以看出自己还有些不足之处。

随心入画——实践周报告

2016 级 王XX

终于完成了为期两周的实践课程，心里有很多想法，这两个礼拜过得很充实，同时也有很多收获。

第一周主要以理论课程为主。课程最开始老师就将我们随机分成了几个小组。因为同时参与实践周的还有15级的学长、学姐们，老师将他们随机分到每个组，这样的话，每个小组既有15级的，也有16级的，这种方式更方便我们互相交流学习与进步。

上课时我们会以小组为单位进行讨论，针对组内成员的画，可以做到每个人都分析，每幅画都被分析，这样每个人都有参与的机会，每个人都能得到锻炼。

图为小组讨论过程

相对来说，因为15级的学长、学姐们在专业知识的积累上比我们要多一点，所以在小组讨论的过程中他们总能提出更深入的想法，促使我们进步。实践周的授课方式也与传统的课堂模式有所不同，相较于传统的课堂模式来说，实践周的授课方式更为轻松，能够有效调动学生的参与积极性和情绪，可以说其探讨方式较为自由灵活；另一方面，这样的课堂模式在一定的程度上也减轻了老师的授课压力。不仅如此，这样的方式也加深了学生对理论知识的理解与运用，增强了其实践能力，而心理学恰恰是一门需要大量实践的学科，所以课堂模式是一种较为有效的实践教学模式,在某种程度上这种教学模式减少了"纸上谈兵"的现象。

　　我们用一周的时间系统学习了"房树人绘画心理分析"的理论并进行了实践绘画操作。老师的讲解非常仔细,采取总—分的方式,先对画面整体及绘图过程进行了分析,而后又分别对房屋、树木和人这三个意象及画面附加物逐一进行了分析讲解。并且在讲完某一主题时,老师会要求我们自己进行作画,小组内进行分析讨论,最后大家再进行交流反馈。

图为 2016 级学生在绘画心理工作坊中的作业

　　理论部分结束后,我们进行了不一样的考试,是由老师针对所教授内容出的一套题,都是基础的理论知识,而我们的答卷则由同学们之间交互改。我认为这种改卷方式能够使自己及时发现自身不足并加以改正,及时促进自身进步。

图为最后一节课考试现场

老师带我们去了十九中。在这里我们听了一节精彩的心理健康公开课，课的主题是"让爱回家"。

同学们按小组的形式坐着，方便讨论。上课铃声响后，同学们先向老师问好，然后再相互问好。罗老师从几个不同的方面向大家诠释了爱。

人生总会面临着许多选择，不同的人有不同的选择。老师举了两个例子让同学们进行选择：一对夫妻很恩爱，有一天妻子出车祸毁容了，丈夫还会爱她吗？

一对夫妻很恩爱，有一天丈夫破产了，落魄不堪，妻子还会爱他吗？

老师让同学们进行了选择，有的同学选择了会，有的选择了不会，还有的选择了纠结。

然后老师将前面的两个问题进行了修改：有一天女儿出车祸毁容了，父母还会爱她吗？

有一天儿子破产了，落魄不堪，父母还会爱他吗？

老师让同学们进行了选择，几乎所有的同学都选择了会。由此可见，父母对子女的爱是无私的，无论子女变成什么样，父母始终爱着他们，家的大门永远为他们敞开。

老师问："什么是家？family 有什么含义？"

有的同学说家是爱的港湾，有的同学说家是亲人在的地方，有的同学说家是我们的后盾……

family 是 father and mother I love you 的首字母缩写。家对每个人都有着不同寻常的意义。

每个家庭在平时的生活和交往中总会产生摩擦和冲突。老师给同学们放了一段视频,然后提出两个问题让同学们讨论。有的同学讨论冲突产生的原因,有的同学讨论如何解决冲突。经过激烈的讨论,他们认为冲突产生的原因是双方没有相互理解、相互尊重,情绪化……解决冲突的方法有相互尊重,相互理解,沟通,换位思考……

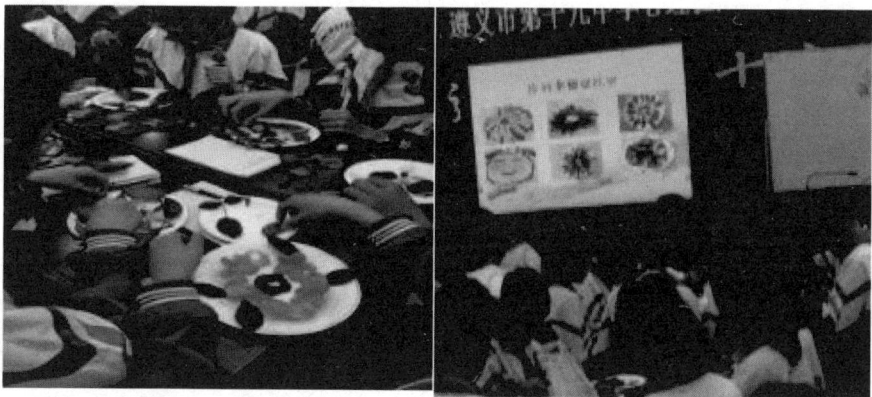

随后老师让同学们做了一个小活动:"我来理解你"。一个同学比划,另一个同学猜,看他们是否能理解对方所要表达的意思。理解就是假如我是你,站在对方的角度思考问题。

冲突会使人与人之间的关系变得糟糕,只要方法得当,冲突也是可以化解的,沟通在其中就起着很重要的作用。指责和批判只会使冲突加剧,有时候沟通的效果比道理更重要,将自己的感受和需要说出来,对方才能更好地理解你。

这个世界上,有一种爱,亘鼓绵长,无私无求,这就是父母对子女的爱!有一种关系普遍、稳定而久远,那就是亲子关系!老师让同学们感受并想象心中的曼陀罗,在老师的引导下,很多同学都哭了,然后老师让同学们用花和叶子制作心中的曼陀罗。

罗老师的课生动有趣,在课堂中灵活应用幻灯片、视频和小游戏等形式调动学生的积极性,让学生畅所欲言,让学生在玩中学。罗老师的课很有特色,很有代入感,我虽然是在旁边看,但是思绪却紧紧地跟随着她。这堂生动的心理健康活动课让我更对自己即将从事的心理健康教师工作充满了憧憬和期待,实践周,你值得拥有!

厚德树人 笃学致用

教师教育学院应用心理学专业
实践教学报告

题目　　　　"壶"里的故事
专业　　　　应用心理学
年级　　　　2017 级
姓名　　　　王 ×
学号　　　　164730101027
指导教师　　× × ×
工坊名称　　随心入画——绘画分析工作坊

第一部分：工作坊实践报告
——随心入画——"心理魔法壶"

5月上旬，通过在班上自选的方式，我进入了由 × × × 老师组建的随心入画——"心理魔法壶"工作坊。选择这个工作坊的初衷：第一，想通过绘画分析这门技术，进一步了解自己的内心世界，对自己有一个更加清晰的认识，从而更好地面对学习与生活中的困难。第二，在好奇心的驱动下，想学习和了解相关技术，进一步优化自己的学科知识和提升能力水平。第三，在他人有需要的时候，可以借助绘画分析技术帮助他人。

5月20日，16级、17级、18级的14位成员与许老师相聚于执毓楼105教室，我们的心理魔法工作坊之旅于今天上午十点半就此开启！在许多老师的指导下，我们将桌椅摆放成半圆形，这样一方面打破了循规蹈矩的方式，从而带来视觉上的美感；另一方面，方便大家的相互交流，缩小成员之间的距离，整体上的画面显得活跃而又多了几分温馨。由于工作坊成员来自不同的年级，彼此之间没有太多的了解，有的甚至互相不认识，因此在进入工作坊主题之前，许老师安排了一个滚雪球的热身活动，旨在让小组成员之间互相认识，互相了解。

首先，许老师让我们拿出一张 A4 纸，将纸对折后取其二分之一，在纸的中心位置画一个 1/4 到 1/6 大的圆，画好之后，以圆为基础，任意添加元素。我在圆的里面添加了一个太阳，一艘小船，一片汪洋大海，并取名为"遨游"（由于作画前对指导语理解有误，所以只在圆内添加了元素）。画圆之前，我将纸上、下、左、右各对折一次，目的是取圆心，结合理论与自身实际分析。第一次作画的环节，旨在让我们对绘画分析有初步的体验和了解。接下来，我们便进入了此次的工作坊主题——"心理魔法壶"！

"心理魔法壶"之准备工作：拿出六张 A4 纸，在前四张纸上分别画上方框，要求距离纸的边缘一厘米，画好之后就六张纸平整的摆放在桌子上，接下来，按照指导语依次画出六幅画。

"心理魔法壶"之场景一：你走在一条路上，突然出现一个魔法师，把你抓进了一个有魔力的壶里。内容解读：有一天中午，阳光明媚，鸟语花香，怀着轻松愉快的心情，我踏着轻盈的步伐来

到后山,走在铺满鹅卵石的山间小路上,周围的一切显得那么的和谐平静,我走走停停,欣赏着美轮美奂的大自然。突然间,我的前面出现了一个身穿黑衣,面容凶恶的魔法师。我立刻意识到自己陷入危险之中,随即转身往回跑,显然这是无谓的挣扎。面对会魔法的魔法师,我又怎么可能逃脱?他不费吹灰之力就抓住了我,一句话也没有说,就把我放进一个发着光的壶里,壶很深很深,许久,我才到达它的底部。我很好奇自己到底来到了哪里,于是我在里面到处转悠,可里面什么都没有,这一切让我觉得莫名其妙。

"心理魔法壶"之场景二:你在这个壶里待了一天一夜,你有什么样的感受?你在做什么?内容解读:过了一天一夜,一束阳光照进了壶里,壶里的颜色变了,暖暖的色调,我的心如止水般平

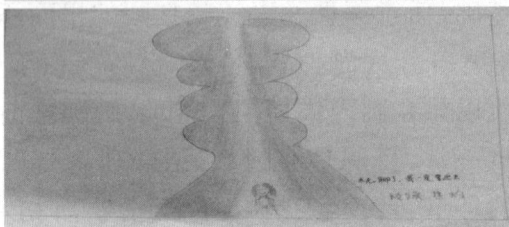

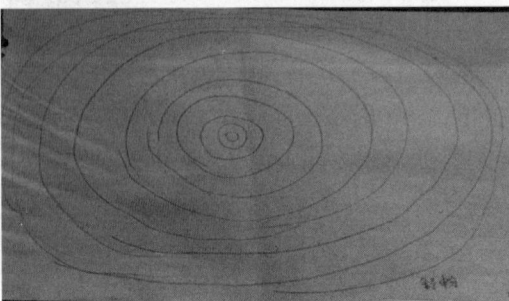

静,于是,我缓缓地平躺
下来,静静地欣赏着这
一切!

"心理魔法壶"之场
景三:阳光照了进来,这
时你有什么样的感受?
你在做什么? 内容解读:阳光依旧还在,壶的颜色也变了,而我
仍在壶里。我变得烦躁、焦灼,除了无聊,我也找不到其他的感受。
我想我必须要想办法出去,逃离这个束缚我的地方! 我在里面到
处寻找,确定壶里没有其他的通道,全是封住的,要想出去,唯一
的办法就是往上爬!

"心理魔法壶"之场景四:一年过去了,这时的你有什么样的
感受? 你在做什么? 内容解读:我开始尝试着往上爬,经历过无
数次的失败,但我绝不能放弃。因为我始终相信我可以成功,我
可以出去。终于,一年以后,我出来了,重新回到了充满生机的大
自然,我带着激动、喜悦的心情,往回家的路上飞奔着。而那壶,
已不再发光,变得暗沉沉的,被封得严严实实!

结束活动一:在A4纸上从内往外画圆。作画的过程中,我
感到舒畅,仿佛整个人都已被放空了!

结束活动二:在A4纸上从外往内画圆,旨在回归自我。作
画过程中,虽然感到不怎么顺手,但还是觉得很爽!

每一个"壶"都有一个故事。5月21日,我们根据自己的画,讲述了一个故事。在倾听的过程中,我们发现每个人的故事都大相径庭,情节千差万别。一年以后,我们各自以不同的方式逃离了魔法壶,有的人凭借自己的坚持爬了出来,有的人靠外界的因素莫名地出来,有的人变成了超越魔法师的魔法师,有的人变成了小魔仙,有的人仍然是自己原本的模样,恐高的人敢去攀登华山,怕黑的人似乎在黑夜中也变得淡定起来。在面对突如其来的困难时,我们每一个人都有自己的独特的应对模式,有的人选择淡然处之,有的人选择逃避,有的人选择积极应对;有的人善于借助外界的力量,有的人选择独自一人承担。

第二部分:教学见习报告
——见习新区二小,理论联系实践

5月13日早上,在老师的带领下,我们来到了新浦校区第二小学,开始为期一周的见习生活。与以往相比,这次的教学实践时间很长,我们多了很多学习的机会,对于我们来说,这是难得的机会,所以我很珍惜每一天的学习时间,虽然很累,但无比充实。希望院领导在今后的教学实践周中,为我们提供更多的这样宝贵的学习机会!

在这一个星期里,每天扮演着双重角色:老师眼中的学生、学生眼中的老师,无论是老师还是学生的角色,我都受益匪浅。

听了学校老师上的语文课、数学课、英语课、品德与社会、科学、体育课、班会课之后,我总结得出以下几点收获:

(1)在课堂中,要充分践行"以教师为主导,学生为主体"的教学观,把课堂交给学生,充分发挥学生的主体性,让学生在学中思,思中学。

(2)要尽量避免传统单一的教学方法,运用多种教学方法相结合,充分调动学生学习的积极性和主动性,提高学生的课堂参与度。

(3)在教授的过程中,由于教授对象是小学生,因此要选择学生能理解的简单易懂的表达方式,尽可能利用学生熟悉的生活用品来辅助他们的理解,使知识传授的过程形象化、具体化。

（4）在课堂中,教师要尊重学生的想法,不能给予否定和讽刺,及时鼓励他们,增强他们探索知识的积极性;同时,要构建师生平等相处的课堂氛围,让学生在"民主课堂"中快乐学习!

（5）在一堂课中,教学目标要明确,知识的衔接要缜密自然,内容层次分明,由易到难,这样可以培养学生严谨的逻辑思维。

（6）关注不爱发言的学生,及时鼓励他们,增强他们的自信心。

在5月16日和5月17日,我分别给五（2）班的孩子们上了一节语文习题讲解课和团体心理辅导。第一次以老师的形象站上讲台,我发现面对学生积极的举手发言,你点哪一个同学起来回答问题都可以是一门艺术。由于缺乏实践经验,加之对小学生这个群体的不了解,在上团辅的过程中,出现很多意料之外的不可控因素,最终导致团辅没有达到预期的效果。所以,我深刻地意识到,见习的意义所在,扎实的理论基础是走上讲台的前提,无数次的实践经验是成为教师的必备功课。作为教师,我们应该将耐心、责任心、爱心融入教学,与学生进行心与心之间的交流沟通。

一个温暖的拥抱、一封小小的信、一颗甜甜的糖、一朵小纸花、一个不舍的眼神……这一切,让我体验到了作为一名人民教师专属的"幸福感"!

在这短暂的五天里,我收获了太多宝贵的东西,也体会到了作为一名人民教师的不易,同时,深刻地认识到自己距离一个合格的教师还有很远的距离,还需要不断加强专业知识的学习,提升专业素养,拓宽知识面,全面发展,提高自身综合素质。

三、练就基本功,掌握扎实技能

教师既是职业,也是专业,教师专业要求教师必须具有履行职业所需的基本技能和相应的专业技能。教师基本功是教师从事教育教学工作必须具备的最基本的职业技能。它包括通用于所有教师的一般基本功,也包括学科教学和教育工作的基本功。教师基本功是教师从事教育教学工作必须具备的最基本的职业技能,主要表现在教师课堂教学的基本功上面。它是教师职业素质的重要表现,也是教学成败的关键。从传统角度讲,教师基本功起码包括三字一画(钢笔、毛笔、粉笔字和简笔画)和普通话口头表达能力,以及专业学科的教学能力,而师范生的基本功训练历来是我校做的最扎实的工作之一。例如,针对三笔字,学校除了每年会进行过关考试之外,还会分别组织钢笔字、毛笔字和粉笔字大赛。对于考试不过关的同学,除了安排专业教师集中辅导,还会在学生之间组建帮扶小组,一对一辅导。普通话的训练在过级考试的基础上,每年还会借助普通话推广周安排普通话朗诵大赛、主题演讲比赛、即兴演讲比赛等,从而督促师范生人人能说一口流利的普通话。为了保证学生今后上课时能保持良好的教态、形象,我们专门开设有《教师礼仪》课程,这也为大学生走出校门能自信地展示自己增加了砝码和保障。

图为语言文字规范化教育讲座

　　课堂教学技能是教师最基本的职业技能,是教师面临教学情境时直接表现出来的一系列具体教学行为,也可以说直接决定着一节课的成败。因此,对师范生试教能力的训练也是教师职业技能训练的重中之重。除了《学科教材教法》《中小学心理健康教育》课上的理论与实践训练,学校也统一在大三下学期安排为期一个学期的说课、试讲的试教训练。要求将全体师范生分组由相应导师一对一个别指导进行,每组集中指导次数不低于三次,个别指导次数不限。一学期的训练结束,由导师根据课程设计、说课、讲课以及评课情况进行考核打分,后由学校组织统一考试。考核内容包括普通话及口语表达、板书技能、教态仪表以及试讲(说课)。考官队伍也由学科教学法教师、普通话教师、书法教师共同组成,以确保进行有针对性的评价。考核不过关则没有参加大四实习的资格。因此,所有师范生都极其重视试教训练的过程。在全校过关考试结束后,为了强化大家的基本功,增加更多训练的机会,学校每年还会组织教学技能大赛,由各二级学院先内部预赛选出代表参加学校比赛,赛事项目分别考查示范生的教学设计能力、教学展示能力以及灵活应变能力。如此严密训练的成果就是学生们的说课、讲课能力远远高出同类院校学生的水平。

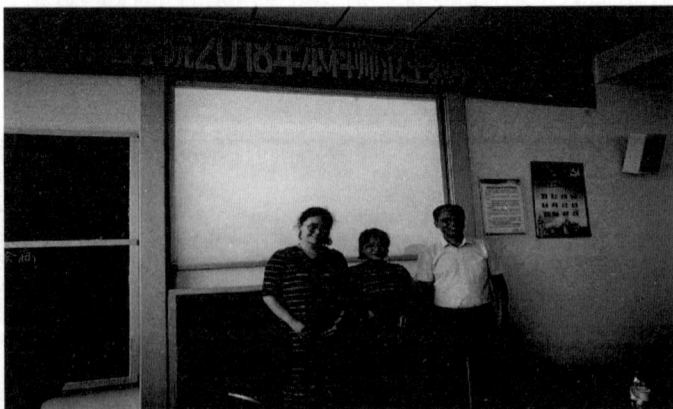

我院学生参加教学技能大赛获一等奖

附：遵义师范学院本科师范生教育实习资格综合测试评分标准

考核指标优		评价标准			
		优	良	合格	不合格
序号	考核项目	完全达到	基本达到	部分达到	少量达到或全未达到
1	普通话及口语表达（30分）	较好： 1. 普通话标准、流畅,音量适中,口齿清楚; 2. 语速适度,在规定时间内完成内容。 较差： 1. 普通话生硬,方言明显,较多字、词发音不准; 2. 口头表达能力差,说话含混不清,颠三倒四。			
		30~27	27~24	24~18	18以下
2	板书（20分）	较好： 1. 标题完整,字迹清楚、工整,大小一致,布局合理; 2. 书写规范,无错别字。 较差： 1. 板书不规范、潦草,设计混乱; 2. 笔顺错误,有错别字; 3. 板书内容达不到一定量。			
		20~18	18~16	16~12	12以下
3	教态仪表（10分）	较好： 1. 衣着得体,表情、教态自然; 2. 精神饱满,手势适度。 较差： 1. 衣着不整,仪表不端; 2. 教态拘谨。			
		10~9	8~7	7~6	6以下
4	试讲说课内容（40分）	较好： 1. 教学目的：明确,能根据课标和教材实际,切合学生实际,体现知识、能力、发展目标; 2. 教学内容：正确、无知识性错误;重点、难点突出;概念清楚,定义准确; 3. 教学环节：紧凑,层次分明,安排合理。 较差： 1. 内容背离说课基本要求; 2. 说课思路混乱。			
		40~36	36~32	32~24	24以下

四、请进来：中小学一线教师进课堂

针对《中学教师专业标准（试行）》提出的"教育知识""学科知识""学科教学知识""通识性知识"四大领域的要求，在开展《教育学》《教育心理学》《普通心理学》《心理健康教育课程与教学论》以及其他专业和通识性理论课程以保证知识学习的前提下，富有课堂教学经验的中小学一线心理健康教师也被请进大学的课堂，以上观摩课、现场答疑、主题讲座等形式满足了学生对中小学一线教学老师经验分享的需求。也正是由于前期的理论学习已经积累了相应的学科素养的知识，面对面的直接交流时学生就可以根据自己的疑惑或经验提出更有质量的问题，解答也更及时、直接。

例如，《中学教学改革与教材研究》这一课程，要求学生通过该课程的学习了解校本课程的基本理念和途径，掌握校本课程在综合实践活动课程各领域开发中的相关理论问题和具体实践操作的步骤和方法，明确评价校本课程资源开发的一般原理和具体做法，并从校本课程开发中对教师专业发展的要求来寻找自己的不足，从而为在教学实践中能有效地进行校本课程开发打下理论和实践的基础。面对同学们的似懂非懂，我们邀请了已经开发出成熟的校本教材的中学高级心理教师现场为同学们展示他们的心理健康校本教材，并讲解他们的校本课程开发的流程与故事。

　　针对学生对心理健康教育课的实质和形式把握不准的情况，学院分别先后邀请遵义市第一高级中学专职心理教师、遵义市心理健康教育兼职教研员、国家级心理咨询师蒋佳桥以及遵义市第四十二中学专职心理健康教师、国家级心理咨询师毛佑兰老师进课堂，与心理学全体教师及学生就心理健康教育课的呈现进行现场教学与交流。蒋老师和毛老师分别展示了自己设计的一堂中学心理健康教育课，并且还从自己多年的教学过程中总结经验，向同学们分享，并讲述自己的成长故事以及实际教学中遇到的真实案例。这种形式不但加强了心理学师范生的教学技巧和能力，更便于学生对中学心理健康课有直观了解、对中学生的身心发展特点有深入认识。

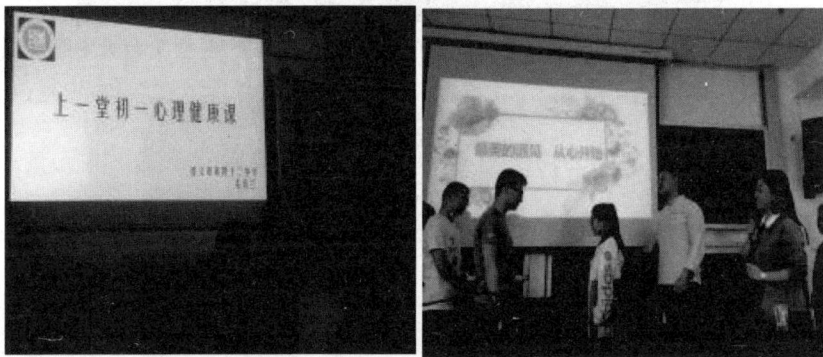

五、走出去：课堂延伸出校园

　　大学课程设置的目的在于为学生服务，帮助学生掌握专业教学及专业发展相关的知识。但传统的以"教"为中心的教学模式并不太关注学生在课堂上学到的知识是否已经消化、吸收，转变为自己的内在知识结构。但基于当下教师专业发展的需求要求现代教学模式坚持"学生中心"（Student-centered，SC），即一切教学活动都围绕着学生而展开。在师范院校，这种教育理念强调遵循师范生成长成才规律，以师范生为中心配置教育资源、组织课程和实施教学，并且将师范生和用人单位满意度作为师范类专业人才培养质量评价的重要依据。为此，我们的"走出去"系列分成三步走：

第一步是师范院校教师走进教学改革培训的课堂，不断学习优化自己的课程教学内容、更新教学方法，从而使学生更好地理解和应用专业知识促进自己的专业发展。

图为《管理心理学》课上崔老师安排的课程考查任务：创意 T 台秀主题汇报

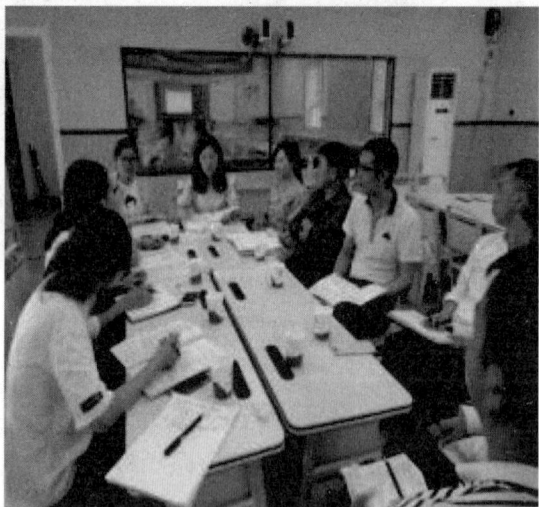

第二步是师范院校教师走进中小学的课堂、讲台，参与、观摩中小学心理健康教育工作的开展，以便及时掌握中小学生心理发展的新特点和基础教育阶段心理健康教育工作的新需要。基于这种考虑，心理学教研室越来越多的老师们开始进入中小学校园。目前，教研室老师已连续三年参与遵义市高中、初中、小学优质课比赛的评委工作。

同时,响应高校服务地方基础教育的号召,老师们也积极参与并支持各级、各类学校组织的心理剧大赛、心理健康知识竞赛、专兼职心理健康教师培训等与心理健康教育相关的工作。

另外,为了更好地落实高校服务地方基础教育、加深高校和基础教育学校之间的彼此了解,促进交流,提高教师教育教学水平,心理学教研室的老师们已先后与汇川区心理健康教育中心、红花岗区心理健康教育中心以及新蒲新区心理健康教育中心定期举办多场联合教研活动。

第三步由教师带领学生进入中小学校园。师范生从跟老师一起听中小学在职心理健康教师的课开始,听完课随即展开讨论,提出个人观点,这便于学生将课堂所学知识应用于实践检验。从观摩、听课开始,逐渐过渡到参与上课、带领团体辅导活动以及辅助做个体咨询。几年的训练使我们的学生也已经可以比较顺畅地独立完成中小学学校交给的任务,有些学校甚至会预约我们下一级的学生继续去辅助工作。

附2106级学生于遵义市十一中进行的为期六周的团体辅导方案

初中生情绪调节团体辅导方案

一、团体名称

Hello,我调皮的小情绪!

二、团体性质

结构式、封闭式、发展式

三、团体目标

总体目标:使成员了解情绪;学会如何调节自己的情绪,从而更好地学习。

具体目标:

1.成员能正面认识自己的情绪。

2.成员能接纳自己的正负向情绪。

3.成员能知道调节情绪的方法有哪些,并使用调节自己的情绪,做自己的主人。

四、团体方案创建人

任×(遵义市第十一中学心理健康教师)、蒋×、王××

五、团体领导者

蒋×,遵义师范学院应用心理学专业大三学生,获得心理咨询师三级证书,参加过团体辅导学习、工作坊及团辅活动。

六、团辅观察记录者

王××

七、团辅对象

遵义市第十一中学八年级学生九人,分别是唐××、张××、罗××、任××、谭×、冯××、潘××、郑××、熊××。通过自愿报名参加。

八、团辅次数

一共六次,每周一下午四点至五点二十

九、团辅地点

遵义第十一中学心理健康活动辅导室

十、理论基础

1. 情绪 ABC 理论

该理论认为引起人们情绪困扰的并不是外界发生的事件,而是人们对事件的态度、看法、评价等认知内容。A 代表诱发事件,B 代表对发生事件的看法等认知,C 代表这一事件发生后个体的情绪反应和行为后果。因此,要调节自己的情绪首先要改变自己对事件发生的认知。

2. 情绪管理理论

情绪的管理不是要去除或压制情绪,而是在觉察情绪后,调整情绪的表达方式,通过一定的策略和方法,使情绪在生理活动、主观体验、表情行为等方面发生一定的变化,从而使人学会以适当的方法调节自己的情绪。

十一、团体评估

1. 小组成员自我总结

2. 领导者自我总结

十二、团体流程设计

单元次序	单元名称	单元目标	活动内容	所需材料	时间
第一次团体	认识你真好	1. 成员间互相认识 2. 建立团体契约、形成团体氛围	1. 大风吹、小风吹、台风吹 2. 串名字 3. 未来可期 4. 我们的约定 5. 进行前测	A4 纸 签字笔	80分钟
第二次团体	情绪魔方	1. 成员初步认识自己或他人最近或此刻的情绪 2. 客观地从他人的角度感受自己的情绪状态	1. 情有千千结 2. 情绪纸片 3. 魔镜魔镜告诉我	A4 纸 笔	80分钟
第三次团体	让情绪开口说话	1. 认识情绪产生的原因 2. 学会正确表达自己的情绪	1. 松鼠大树 2. 情绪梳理 3. 情绪情景	材料卡片	80分钟
第四次团体	小情绪，我们握握手吧！	1. 协助成员面对自己的不良情绪，正确看待自己的情绪 2. 了解及寻找自己应对消极情绪的支撑源	1. 小心地雷 2. 天使与魔鬼 3. 能源加油站	秒表 A4 纸	80分钟
第五次团体	明天你好	1. 回顾团体收获 2. 处理好离别的情绪，不让成员过度悲伤 3. 带着祝福学会做自己情绪的主人，笑迎未来	1. 突围闯关 2. 一路上有你 3. 真情告白 后测	A4 纸 签字笔 轻音乐	80分钟

十三、团体实施

单元一：认识你真好

单元目标：

1. 形成团体。

2. 促进成员熟悉，构建和谐团体氛围。

3. 建立团体规范。

目的	活动内容	时间
热身,缓解成员间的陌生感,形成活跃的团体氛围	1. 大风吹、小风吹、台风吹。 操作:所有人将椅子围成圈,首先领导者站在圈中间说"大风吹",成员回答"吹什么",领导者说到的特征的成员就要起身换位置,同时领导者也要抢位置,空出来的成员就要接替领导者的位置接着规则。小风吹则是特征之外的成员换位置,台风吹则所有人都要换位置。	20分钟
人际关系的建立并不是单向的,需要相互彼此反馈才能营造和谐的关系	2. 串名字 操作:成员们围成一圈坐着,任意提名一位队员自我介绍,第二名队员轮流介绍,但要说:我是 *** 旁边的 ***,第三名队员说:我是 *** 旁边的 ***,依次下去……,直到每一位队员都说完自己是 *** 旁边的 ***,如在过程中做错的将从他那里开始游戏。	15分钟
了解团体成员的期望	3. 未来可期 按顺时针的顺序。让每个成员将下面的两个句子补充完整,以了解每位成员参加团体的动机和期望。 (1)我加入团体希望的是什么? (2)我希望我们的团体是怎样的? (3)领导者说明团体的功能,目的和内容。	15分钟
建立团体契约	4. 我们的约定 操作: (1)领导者说明制定团体契约的原因。 (2)团体成员共同讨论和制定团体规范。 (3)每个成员在《团体契约书》上签名以表示自己愿意遵守这些团体规范。	15分钟
	5. 进行前测	10分钟
小结本次团体的内容	6. 领导者总结本次活动,成员分享自己的感受并且填写单元反馈表	5分钟

单元二:情绪魔方

单元目标:

　　成员初步认识自己或他人最近或此刻的情绪,客观地从他人的角度感受自己的情绪状态。

目的	活动内容	时间
增加成员之间的亲密感	1. 情有千千结 操作：全体成员手牵手围成大圈，领导者站在圈外指挥。每个同学都要记住自己左右两边的人，听到领导者说解散的口令后放开手开始随意在圈内走动，然后领导者会叫停，大家都停止走动。保持原地不动，重新牵手(原左右两边的人)。紧接着就是要想尽一切办法恢复到正常的牵手状态。	25分钟
使成员感受自己的情绪状态	2. 情绪温度计 (1)领导者说明情绪温度计活动的进行方式：刻度有0～10度，分别代表不快乐到快乐的程度，请成员以0～10度来表示自己这周的情绪温度。 (2)依成员的温度分布情形分高、中、低三组。 (3)请各小组成员分享为何选择此情绪温度的原因，并谈一谈影响情绪温度的最大因素。 (4)引导成员回到大团体中，请M分享在小组中对他人印象最深刻、最有感触之处(不同的想法、不同的处理方式)。	30分钟
客观地从他人的角度感受自己的情绪状态	3. 魔镜告诉我魔镜 操作：成员围成两圈，面对面站立，内圈的同学做一种情绪的表情，相对应的同学模仿并说出是哪种情绪。反之再由外圈的做表情内圈模仿。	25分钟
总结本次团体内容	4. 领导者小结	5分钟

单元三：让情绪开口说话

单元目标：

1. 认识情绪产生的原因。

2. 学会正确表达自己的情绪。

目的	活动内容	时间
热身，活跃气氛	1. 松鼠大树 操作：两人为一组，一个扮演大树一人扮演松鼠，大树需要用双手围成圈把松鼠圈住，领导者喊大树，所有的大树都要换松鼠，喊松鼠，所有的松鼠要寻找新的大树，地震来了大树松鼠的身份都要调换。	20分钟

目的	活动内容	时间
成员了解情绪产生的原因	2. 情绪梳理卡片 操作： （1）在白纸上写下最近高兴的和不高兴的事情，以及自己最近的心情。 （2）成员分享这些事情，并且思考产生这些情绪的原因是什么。	30分钟
成员学会如何正确地表达自己的情绪	3. 情绪情景 操作： （1）成员分为三组，每一组发一张卡片，卡片上有三个情景，小组讨论自己身处每一种情景的情绪表现。 （2）鼓励成员分享。	25分钟
总结成员本次活动成果	4. 领导者总结	5分钟

单元四：小情绪，我们握握手吧！

单元目标：

1. 协助成员面对自己的不良情绪，正确看待自己的情绪。

2. 了解及寻找自己应对消极情绪的支撑源。

目的	活动内容	时间
活跃团体氛围	1. 小心地雷 操作： （1）随机分成甲、乙两队，甲队伙伴先用布蒙住眼睛，前进至目标担任坦克车，乙队担任地雷，在甲队行径路上，不规则地固定站立，甲队另派2名伙伴至目标处，担任雷达，指引坦克车前进。 （2）游戏开始时，担任雷达的伙伴，以喊叫声音指引坦克车前进，如xxx前进、后退。向左、向右，避免触及地雷。触到乙队伙伴身体任何一部分，算触及地雷。触及地雷后，自己也变成了地雷，必须站在原地上。 （3）担任地雷者，可发出各种错误的声音，引诱坦克车触及地雷。在一定时间内，再攻防互换。 （4）两队互换，最后以抵达目标处人数之多寡，决定胜败。	25分钟

目的	活动内容	时间
协助成员面对自己的不良情绪,正确看待自己的情绪	2. 天使与魔鬼 操作: (1)先让大家每一个人在小纸条上写好自己不开心的一件事,然后折叠起来与其他人的纸条混合在一起。 (2)接下来大家随机抽取一张纸条(是不是自己原来的那一张都没有关系),并针对纸条上提出的问题展开讨论。 (3)从第一个人开始,首先由他读出所面临的问题,然后让他左边的三个天使和他右边的三个魔鬼交替发言,天使必须给与这个事件正面的评价,而魔鬼则相反。 (4)天使和魔鬼争辩结束之后,"当事人"需要总结出自己解决的办法并判定天使和魔鬼哪一方胜利。以此类推,直到将所有小组成员提交的问题都一一讨论完毕,最后我们看看天使和魔鬼哪一方胜利的次数多。	25 分钟
了解及寻找自己应对消极情绪的支撑源	3. 能源加油站 操作: (1)举出几件较常发生的生活事件(如被长辈骂、考试成绩不理想、被同学冷落忽视或与要好同学起口角等),鼓励团员分享自己的应对方式。 (2)发给每位团员一张能源表,填写自己的「支持能源」,最内圈的是自己有挫折最先想到要帮忙的,最外圈的即是较少会找的人。 (3)鼓励团员分享。	25 分钟
总结	4. 领导者总结	5 分钟

单元五:明天你好!

单元目标:

1. 回顾团体收获。

2. 处理好离别的情绪,不让成员过度悲伤。

3. 带着祝福学会做自己情绪的主人,笑迎未来。

目的	活动内容	时间
活跃团体氛围	1. 突围闯关 操作: (1)全体面朝里手拉手成个圆圈,一人站在中间,用任何方法突限如果最后仍然不能成功,可找一个人协助。每个成员轮流站在中间,尝试突围。 (2)全体成员面朝外手挽手成一个圆圈,人站在圈外,用任何方式闯关进入圈内即成,如果最后仍然不能成功,可找人协助。每个成员可以轮流尝试闯关。	20 分钟

目的	活动内容	时间
分享参加团体的心得与感受	2. 一路上有你 操作: (1)领导者引导团体成员慢慢地回顾整个团体过程,采用逆时针的发言方式,让成员思考并回答相应问题。 (2)领导者鼓励成员将团体中学到的方法运用到平时生活中。	25 分钟
处理离别情绪,带着快乐的情绪迎接未来给予彼此反馈和祝福	3. 真情告白 操作:所有成员在纸的最顶上写着自己的名字,然后去其他成员给自己寄语,每找一个可以和对方握手或是拥抱之后再写。写完后,每位成员仔细阅读他人给自己的祝福,并对他人表示感谢。(播放舒缓轻松的音乐) 结束团体。	25 分钟
	4. 进行后测	10 分钟

附录

附件 1:

团体契约书

我们的团队,一个温馨和谐的大家园,缘分让我们相聚于此,让我们在团队伙伴的陪伴下一起探索、一起分享、一起成长。现在,让我们一起签署一份契约吧!

1. 我自愿加入团体,为了自己和同伴的成长。

2. 我力求坦率真诚,与他人分享自己生命的体验。

3. 我将尊重我的每个伙伴,不指责、不评价,不用自己的价值观去评判伙伴。

4. 我将严守团体的秘密,每次活动结束后,绝不将活动的内容和伙伴的隐私外传。

5. 我遵守团体的纪律和制度。不迟到、不早退。如遇特殊情况,事先请假。

6. 在团体活动的过程中,可能会扰动身心,我对此有必要的了解和准备。

签约时间:

签约人:

附件2：

单元活动反馈单
组员姓名：
(1)哪个活动给你的印象最深刻？为什么呢？
(2)在这次的单元活动中你最大的收获是什么？
(3)对于此次活动,你觉得还有哪些地方是可以改进的呢？

附件3：

梳理情绪：

1. 最近让我感觉高兴的事情是_____。当时我的心情是_____,
   现在想起这些事,我的心情是_____。
2. 最近让我感觉不高兴的事情是_____。当时我的心情是_____,
   现在想起这些事,我的心情是_____。
3. 每当心情好的时候,我会觉得_____。
4. 每当心情糟的时候,我会觉得_____。
5. 我的心情总是_____。

附件4：

情景表演：

情景一：你在寝室认真看书,但是你的室友却在寝室大声吵闹,使得你无法认真看书,心情烦躁不安,你忍无可忍。于是,你对你室友说：_____

情景二：成绩一直好的你这次期末成绩却考差了,你心情十分低落。这时,你的爸爸妈妈煮好了一桌子的好菜在家等着你,面对他们一脸期待的表情和满心的关怀,这时,你会说：_____

情景三：你的爸爸妈妈吵架了,你心情十分低落。而近期的数学竞赛老师让你去参加,你因为父母的事情无法专心复习,这时,你会对老师说：_____

附件 5：

能源图：

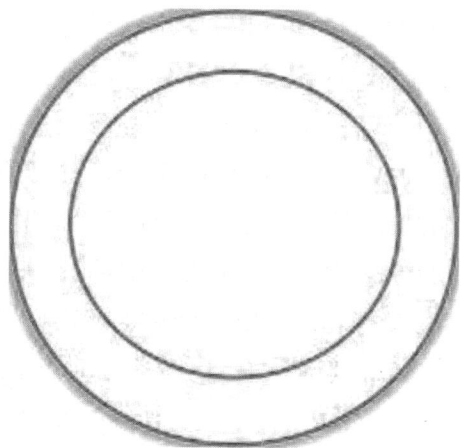

第三节　做中体验，综合育人

一、集中实习，教学相长

　　实习是师范生教学生涯的开始，是一个师范生成长为合格教师的必经之路，也是检验每一位师范生教学技能的舞台。教育教学实习是具有师范特性的综合实践课程，是教师教育的重要组成部分。通过实习，可以使学生在社会实践中接触与本专业相关的实际工作，增强感性认识，培养和锻炼综合运用所学基础理论、基本技能和专业知识，去独立分析和解决实践问题的能力，可以提高学生的实践动手水平，为毕业后顺利走上教师岗位打下良好的基础，增强学生的职业认知。同时，实习的过程也是师范生经受锻炼、检验职业信念和教育情怀的过程，是检验大学教学效果的重要途径。

　　师范生的实习内容主要包括听课、备课、课堂教学以及班主任工作等。在为期一个学期的实习时间里，师范生们天天与中小学生在一起，在学生们身上验证自己已掌握的关于不同年龄段孩子的身心发展特点和表现;天天听指导老师的课甚至优质课,在老师们身上学习课程设计的思路、活动展开的细节以及课堂流程、节奏、氛围的把握,同时反思为什么这样设计课程?与自己想的有何不同等,从而提高自己的活动设计与教学反思能力。观课后的备课是为了下一步呈现精彩课堂所必须做的工作。在实习指导老师的帮助下,准教师们设计出来的活动方案不再是高高在上,而是能够兼顾自己实习学校学生的实际情况,把课上进学生心里。除了课堂教学之外,组织学校心理辅导讲座、接待个体咨询、带领团体辅导,都是心理健康准教师们必须接受实习检验的项目。俗话说"实践出真知",在亲手接待了一个个案、亲自主持了一场心理讲座、亲自带领了一个心理辅导的团队活动后,学生们的理论知识才能真正得到升华,也才能对心理健康教育产生深刻的体悟。

当然，在教育实习过程中还有一项非常重要的内容：班主任工作实习。班主任实习是实习生承担实习学校专职班主任教师的部分或者全部工作，将自己所学知识运用于实践的过程，是帮助专职班主任教师培养学生的思想道德素质，为学生的学习营造良好的氛围、获得积极体验的过程。虽然高校教师教育课程包括了《班主任工作管理》，但师范生在校期间仍然是学生的身份，对自己能够进行班级管理的能力还是不太确定。但实习期间的真刀真枪促使学生瞬间完成了身份的转变，尤其是心理学知识的积累、心理辅导技能的训练使得我们的师范生在做学生工作时就有了极大的优势，能够更好地利用沟通的技巧、管理的艺术协助自己顺利完成班主任工作实习任务。实习班主任期间，师范生更加了解基础教育的德育原理与方法，掌握了一些在班集体、共青团、少先队工作中开展心理健康主题教育的原则、策略、方法和技能。尤其是在班主任实践中参与德育和心理健康教育活动的组织与指导，更能深刻地理解心理学的育人价值，能够有机结合心理健康教育学科教学进行育人活动。

在学生实习的过程中，我们的专业指导老师、实习带队老师以及实习学校会对实习生的生活、实习工作进行跟踪指导，除了实习日志、实习月小结，还有中期检查以及实习结束后的分享与经验交流会。这样既保证了以学生为中心的全程指导，帮助其顺利完成了职前实践，同时也提高了教育实习的质量，为师范生从职前到职后的顺利过渡做好了铺垫。当然，师范生的实习过程也是检验师范院校办学效果的重要形式。实习过程中反映出来的问题又可以为以后办学内容的调整提供思路和方向。

附学生实习月小结

第七周：生活就……

生活就像一把爪牙，只有当你真正走进它们的时候，你才知道其中的酸甜苦辣。而在学校也是如此，不走进学生永远不知道学生真实的情况，不管是在学习还是生活上，都需要下一番功夫去走进它们。第七周在前六周的基础上，对学生已经有了比较全面的了解，本周主要分为两部分进行总结。一是专业学习方面，首先，同往常一样，周一到周四的咨询是最主要的。从前来咨询的学生看，主要问题是人际关系（同学、父母）和学习压力，而导致这些问题的原因大部分是来自家庭，其中父母离异的占大多数。在咨询过程也遇到了一些问题，如来访者一直在讲，时间已经达到 60 分钟以上，我该继续还是停止。过后有去翻书籍，也有问同行同学，对其他问题也在进行反思，这也是不断学习和积累经验的过程。其次是教学，这个周主要进行了其他学科公开课的观摩和本学科教案的设计。二是班主任工作，除常规的早读、课间操、午读以外，还在班主任老师的指导下上了一节班会课，内容为安全教育和学习问题的探讨，效果还可以，但是我自身在上课的过程还存在细节上的问题，这些问题主要体现在以为是班会课没有像上课一样正式，所以在站姿、教态和普通话上还需改正。课后，我对收集的问题进行了分析和总结，该班在学习上主要是上课爱打瞌睡、没有学习积极性，下一步我将和老师一起商讨对应的措施，以提升他们对学习的积极性。

二、自主践习，全面提升

目前师范院校关于学生的实践教学普遍存在的问题都是实习时间较晚、时长也较短，这非常不利于学生在实践中检验自己的真实水平，进而发现存在的问题。尤其是对于实践操作要求非常高的心理健康教育专业学生来说，如果前期没有过课堂教学、带团体辅导活动的锻炼和经验积累，最后的实习过程将会非常痛苦与挫败，甚至会打击他们从教的积极性和热情。为了让学生尽早接触到真实的课堂，在实践中提升自己，区别与学校统一安排的集中实习，专业老师们会在教研室协调下或是利用自己的资源为学生搭建践习锻炼的平台。

遵义市第十九中学学习焦虑团体辅导简报

2017 年 11 月 20 日，遵义市第十九中学"学生学习焦虑团体辅导"在罗老师与几位遵义师院心理系学生的协助下开始了。第一次团体辅导的进行主要是整个团体的建立，引发学生参加团体的兴趣，认识并接纳团体伙伴，了解团体目的及进行方式，同时了解每个学生学习焦虑的情况。开始的时候罗老师带领孩子们先互相打招呼之后进行热身活动大风吹，这主要是让成员了解整个团体辅导的目的和意义；让成员之间相互认识，增进团体的温暖。接着做了活动情有千千结，这个活动是让成员消除彼此之间的陌生感，积极融入团体中，同时考察学生的团队协作能力。之后，老师带领学生制定了团体契约书，目的是让团体成员对本团体增加信任感，在团体辅导过程中积极做到自我开放，同时按契约书共同去维护这个团体。最后，在罗老师的指导下，由四名助教去收集了每位学生关于学习焦虑情况，为之后几次团体辅导的展开做充分准备。本次团体辅导主要是针对学生的学习焦虑情况进行的，主要是通过团体辅导给予这些存在学习焦虑的同学帮助，在进行辅导的过程中让同学们恢复学习自信，找到学习方法。

　　2017年11月27日，这是整个团体辅导的第二阶段。我们对学生进行学习焦虑之真有我风采的团体辅导，其目的是促使学生对学习焦虑进行正确认识以及调节自我认知。老师先带领着大家玩游戏——松鼠搬家，对学生的身心进行放松和活跃气氛之后，根据上次与学生进行交流得到的信息，指导学生进行考试焦虑自评。然后在"心的障碍"活动中，邀请出4位学生体验活动，这时让其他成员悄悄搬开通道中的障碍物，几位成员在指导者的引导下会小心翼翼地、摸索着向前走。结束后，请他们进行交流与分享，老师抓住他们某个小小的成长契机围绕着展开，并积极给以反馈。此次团体辅导在学生的欢乐声中结束。

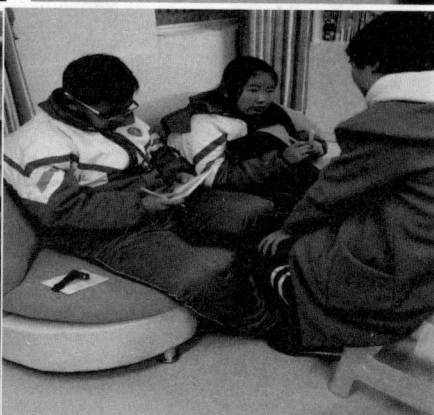

　　2017年12月4日，本次团体辅导的第三阶段。首先，由遵义十九中的心理健康老师罗艳带领十名同学进行了一个掌声的测量，通过估计掌声的次数，让同学们认识到自己往往低估了自己的能力，引出本单元的相关话题。然后让同学们一起回想自己生活中的得意之事并作分享，引导学生意识到自身具有的性格优势。这一过程中，每一位同学都从分享中看到了自己的优点，罗艳老师通过引导让同学们将自己所发现的能力运用到生活中去。之后，罗艳老师对每一位同学进行了学习风格的测量。最后，罗艳老师布置了一个作业，让同学们思考自己所测得的学习风格的优势与不足有哪些，并在下一个单元进行讨论分析。整个单元的团体辅导圆满完成。

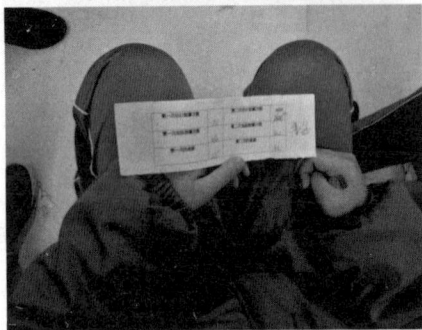

　　2017年12月11日下午4:30,这次的活动主题是学习焦虑,而这第四单元的团辅叫能力知多少。首先,罗×老师带领小组成员做热身活动,好汉请抱拳。小小的放松之后,罗×老师带领同学进入活动能力知道多少,让学生们聚焦自己的优点,自己的能力,帮助同学们将这些优点、能力,迁移到学习与生活当中。每一个同学都分享了自己得意之事中提取的能力是什么,自己有哪些优点。接下来,解决上一次团体活动布置的作业,帮助学生了解自己的学习风格,这些风格有什么不一样的地方。最后,带领同学一起探索在学习当中遇到的一些问题，大多数同学都是学习方法的问题，鼓励大家展开讨论，寻找方法。同学们非常积极踊跃地分享自己认为可行的方法，下午6：00辅导结束。

　　2017年12月18日下午4点40分，遵义十九中心理健康老师罗×带领学生进入团体辅导结束阶段，主要任务是处理好学生的离别情绪以整理和巩固团体中的学习，并把所学的内容迁移到日常生活中去。我们通过热身活动——快乐抓快乐，让成员们再续欢声笑语，活跃气氛。接下来请成员们回顾在短暂的几周时间里，自己发生了哪些变化，获得哪些成长，各位成员都进行分享。但离别总是有些不舍和伤感，在即将结束之前，每位成员都在便利贴上写下自己的名字，请团体中的每位成员为自己写下祝福语。最后，互相拥抱，互相鼓励，学会在没有团体的支持下，继续保持新的改进。接着，举行告别仪式，学习焦虑团体辅导正式结束。

见习三小，相互学习

五月十三日，我们带着准备已久的激动心情来到了见习学校——新蒲新区第三小学。

见习是严肃的，和真正的三尺讲台零距离接触，怀着几分新鲜和激动，整理师容师纪，整装出发。重返校园，恍如故地重游，从前的校园时光一点点清晰。五天的行程，略显匆忙无措，稍感开始却已结束。我记忆中最美好的一笔勾抹，是孩子们奔跑的身影和稚嫩的脸庞、童真的声音。这里留给我的都是弥足珍贵的财富。

新蒲新区第三小学，是一所初建的学校，但校风校纪是出色的，教学方式也不断更新，老师们虚心学习，尽己所能教授学生。每栋楼都有一个名字和一首诗，如"千红楼"，"胜日寻芳泗水滨，无边光景一时新。等闲识得东风面,万紫千红总是春。"这是学校的一大亮点,随处学习的感觉油然而生。接着我们观看了学生的大课间活动,广播体操、练拳、跑步、跳绳,可谓形式丰富多样,学生们也是活力四射,整个校园洋溢着青春的气息。有趣的课外活动,使我想起了我的小学时光,无忧无虑、自由自在,生发很多感触。我们的带班班主任冷老师带我们熟悉校园,来到了荣誉室和绿植园,短短几年,学校已拿到了很多奖项;孩子们的绿植园,很是让我羡慕。在这样的环境中学习的孩子们,想象力、创造力、凝聚力都得到了锻炼,培养了荣誉感和成就感。少年宫里,墙壁上都是美术老师精心创作的图画,科学实验室、绘画书法室、未来教室,给学生提供了良好的学习平台,整栋楼充满了童趣。

最令我印象深刻的是,孩子们对国旗的敬意,每当升旗进行曲响起,无论孩子们在做什么,都会停下来面向国旗。是啊,爱国不仅仅是说说而已,他们有了实际行动,是我所没有意识到的。跟孩子们碰面,他们都会停下脚步,敬礼说声"老师好",这一声老师好,赋予了我们重大使命,是我们必须要去完成的。我从他们身上学到了礼貌、积极、活跃,我们互为老师,共同学习。下午,我们听了第三小学骨干教师谢 × 老师的数学课,整堂课最大的亮点,是谢老师温暖的笑容,亲切柔软。她的课形象生动,感染力强,没有数学的枯燥乏味,是我们作为未来教师需要努力学习的。第一天,足够我消化很久,除了书本上的东西,还有学习别人的经验。

接下来的几天,我们开始认真而紧张的学习,快速写听课记录,恨不得把老师说的每句话都写下来。在这过程中,身心受到折磨,耳朵饱受煎熬。幸好老师教得好,方法新鲜,独特新颖。我们观摩了语文优质课比赛,各地的优秀骨干教师,充分发挥才能,传授知识与培养能力相结合,有明确的教学目标,并且在原有的基础上有所创新,注重技能培养。我最喜欢听的就是刘老师的语文课,她把单调乏味的知识教得生动活泼 ,在她的课堂上,我感觉是一种享受,她把难懂的知识联系实际,通俗化,这样可以增加学生对知识的理解并快速消化。在小学的课堂上,纪律很难把握,可刘老师能够让学生的思路跟着她快速地旋转,新课程的思想布满课堂,跟着时代的步伐调整教学方法。

在教学过程中,老师充分体现教学效果最优的现代教学技术,这一点提示我们师范学生不仅要对自己所学专业课有扎实的基本功,更要充实现代技术,会使用还不够,还要达到发展学生思维效果和激发学生学习兴趣的目的。

见习工作结束了,我要回到学校继续学习,虽然只有一周的时间,但我在教学认识、教学水平、教学技能以及为人处事等方面都得到了很好的锻炼与提高。更让我明白,我需要学习的还有很多,要在大学里沉淀自己。

以下是我们的见习图片:

三、家庭教育,搭建桥梁

教师专业发展的能力之一是教师管理交往的能力。因为教师的管理交往能力是教师开展教育教学工作的保障,也是实现专业成长的基础能力,具体包括建立良好师生关系的能力、组织与开展德育活动的能力、指导和帮助学生应对心理问题的能力、机智处理突发事件的能力等。这些能力直接影响教师的教育教学工作能否得以顺利开展。由于教师的教育教学是一种对学生实施管理和进行交往的活动，而每一个学生背后都是一个家庭。尤其是在提倡加强家校合作的今天，教师除了具备对学生进行科学管理、艺术交往的能力外，与家长艺术交往、对家长进行教育的能力也是其专业素养的重要体现。可见，为了推动教育教学工作的顺利开展，教师往往需要不断获取和提升自己的管理交往能力。就师范生与家长进行交往的能力培养而言，除了鼓励他们有针对性地向那些经验丰富的教师或专家请教，以分享他们的成功管理和交往的经验，以及推荐他们通过阅读教育管理相关的文献如专业书籍、报刊、论文而从中受益，我们还通过家庭教育指导中心的平台，带领学生去听家庭教育的讲座、参与家庭教育指导的调研并鼓励他们尝试与家长交流。在老师的指导下为家长就学生的发展与学习产生的困扰，利用自己的专业知识进行答疑解惑，甚至结合实习需要对家长开展讲座培训。

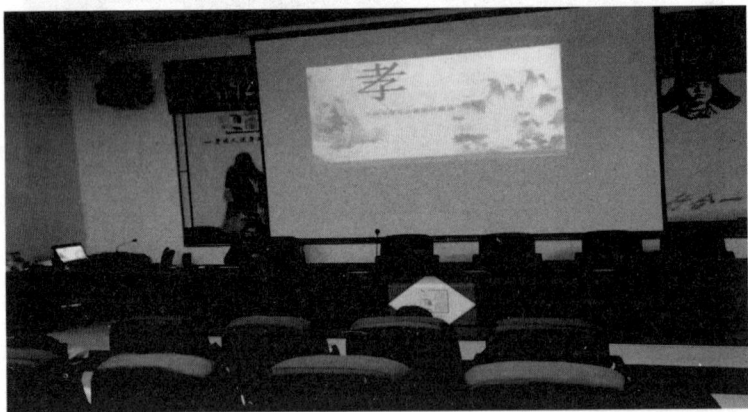

第四节 思行结合，持续发展

一、参与科研，力学力思

学习的最佳效果是学以致用，而检验师范院校人才培养质量的标准之一是能否培养出具有终身学习与专业发展意识的准教师。为了达到这一目标，除了理论课程支撑了解国内外心理教育改革发展动态，阅读文献掌握学科发展动态之外，学生还积极参与老师们的课题来提升自己的专业素养。老师们每年的各类立项课题中都有大批学生成员的参与。在对科研有一定了解和基础后，老师们也鼓励学生自己积极申报课题，督促他们在教学中发现问题，在研究中找到解决问题的答案。

为了同步提高自己的实践与科研水平，准教师们还会自行组队策划到基地学校等的各项活动，真正做到在思考后实践，在行动中提升。例如，在学习完《教育学》和《教育心理学》中关于教师知识和能力结构要求的内容后，学生主动提出实行"老带新"制度，即请求高一级的师兄师、姐们代理"小老师"对低年级的师弟、师妹们进行教学技能、团体辅导活动的帮扶，进而策划方案，请学院牵头与实习基地学校取得联系，再由专业老师指导后去基地学校开展各类活动。最后分享从活动策划到组织实施后的经验与感受。这就保证了准教师们能够及时把握住中小学生的身心发展特点并适应时代和教育发展的需求,为成长为一个与时俱进、跟学生心理不脱节的心理健康教师提供了可能。

附:教师教育学院应用心理学专业教学技能大赛策划

一、活动目的:

为促进我专业同学自身素质的提高和全面发展,更好地掌握教学技能技巧,展现新时代师范生风采,同时为选拔学院教学技能型人才,我班决定在班级内开展"本科生教学技能大赛"。现将有关事项具体策划如下。

二、活动对象:

17级应用心理学本科生

活动时间:

待定

三、活动地点:

待定

四、活动须知:

(一)班级比赛:

1.班上自行分配成由五人组成的队伍,各参赛队将课件(自带u盘)、打印的5份教案交到负责人处。

2.比赛环节见附件1。

3.比赛顺序由班级组织在比赛前一天执毓楼330教室进行抽签决定。

4.各组比赛奖项设置见附件3。

(二)注意事项:

1.请参赛小组提前20分钟到达比赛现场,并带上本组课件,以便于比赛工作的顺利进行,如遇特别情况,请参赛小组提前与班级负责人联系。

2.遵守比赛纪律及比赛规则,服从工作人员安排,尊重评委评判。

3.组织同学观看比赛时,请遵守赛场秩序。

附件1

教学技能大赛各环节说明

1.教学设计(25分):每支参赛队可自由选取竞赛内容。

要求:

(1)教案、学案设计应体现国家基础教育课程改革的基本理念,具有较强的实用价值和一定的创新性。

(2)教案、学案、课件内容均按1课时安排。学院对参赛队提交的教案、学案及课件具有使用权。

2.说课(15分):选手在参赛教学设计的基础上,系统地阐述自己的教学构想及理论依据。时长7分钟。

3.授课(30分):选手依据备课内容,自主选择一个"教学片段"或"环节"进行模拟授课。时长15分钟。授课结束需提交一份结合授课内容事先设计好的小黑板板书设计。

4.评课(15分):对本节课所上内容及效果进行评价,要求有临场感,有理论说明。时长3分钟。

5.答辩(15分):评委根据参赛队的教学设计、演讲、授课、评课和说课情况进行提问,参赛队员回答。时长3分钟。

附件2

应用心理学专业教学技能大赛报名表

年级及专业:				
	姓名	班级	联系方式	负责人
说课				
即兴演讲				
授课				

续表

年级及专业：				
	姓名	班级	联系方式	负责人
评课				
答辩				

附件 3

活动奖项设置

团体奖：一等奖 1 名，二等奖 2 名，三等奖 3 名；

最佳"说课"奖：1 名；

最佳"授课"奖：1 名；

最佳"评课"奖：1 名；

最佳"问答"奖：1 名。

其中，团体奖＝说课、即兴演讲、授课、评课、问答所得总成绩。

为了提升学生的职业生涯规划意识，帮助学生更加客观地认识自己、了解环境，进而尽快为自己的职业定位，学院每年组织大学生职业生涯规划大赛，所有在校生均可报名观摩或参与比赛。通过比赛的职业规划阐述和回答问题两个环节，学生可以更加明了自己的职业价值观以及社会环境、家庭环境、学校环境等各方面因素对自己的影响，从而确定一个符合自己现实情况的未来职业规划方案。类似活动不但传播和普及了职业生涯规划理念，更为准教师们的职业生涯规划点起了指明灯，有助于他们树立起正确的价值观和职业观。

二、社团舞台，互助前行

　　心理社团是高校心理健康教育的重要力量。心理社团的存在不仅满足了广大学生的心理健康需求，更拓宽了心理健康教育的工作渠道，具有宣传教育、心理辅导和促进校园文化建设的功能。尤其对于我校心理学专业的同学来说意义更加重大，因为目前本专业大部分学生都加入了学校现有的两个心理社团。现在学校有两个心理社团："青年心理研究会"和"青春健康同伴社"。其中青研会于1995年成立，迄今已有20多年的历史，先后被共青团中央、教育部、国家广电总局、全国学联评为"全国高校优秀学生社团"、中共贵州省委教育工委、贵州省教育厅授予贵州省高等学校"优秀大学生社团"、贵州省委教育工委、省教育厅、文明办、团省委评为"多彩校园·闪亮青春"、2016年贵州省大学生校园文化活动月之"十佳社团"等。这些荣誉见证了心理学学生们的成长，并且是用他们自己的专业知识和能力获得的荣誉。青研会是由热爱和关心青少年心理健康事业，有志从事心理研究的青年大学生自愿组合成的群众组织，其以"自助，助人"为宗旨，以"唱响自己，助长他人"为口号，开展青少年心理研究，提高青年心理素质，在自己的心理健康发展、心理学知识足够后，帮助其他的青少年心理健康的发展。心有多大，舞台就有多大！青研会每年开展的各种专业特色活动深受广大师生的喜爱。尤其是借助每年的"5·25"心理健康日，协会每年都会在学院辅助下开展心理健康教育系列活动，如心理沙龙、心理测查、建立心理档案、心理知识讲座、校内外心理咨询、心理骨干培训、心理委员培训、趣味心理活动、心理健康知识宣传展、心理健康知识大赛、校园心理剧大赛等。在这些活动的策划、组织和参与中，师范生一方面不断完善自身心理素质、逐步提高思想道德修养；另一方面，更是在实践中提升了自己将来作为心理健康教育教师的专业知识和能力素养。

【缤纷社团】爱的抱抱，暖心初冬 ——遵义师范学院青年心理研究协会开展"爱的抱抱"素质拓展活动

发表时间：2015-11-28 浏览次数：3

（记者：杨发钰 杨敏敏）为缓解在校大学生在学习过程中的压力，放松同学们紧张的复习心情，进一步增进彼此之间的了解，11月28日，由我校心理咨询中心主办，青年心理研究协会承办的素质拓展活动于我校篮球场展开。参加本次活动的主要有主办方成员、2015级青年心理研究会成员以及我校各社团代表。

5.25心理健康节——青年心理研究会走进遵义二中

"青春健康同伴社"以青少年需求为导向,围绕性生理、性健康开展教育和培训工作,内容包括人际交往、计划未来性行为与决定等,呼吁同学们正确认识有关心理健康知识,推进青春健康教育深入持续发展,拓宽健康教育知识的覆盖面,从而让更多的学生了解青春健康知识,促进青少年健康发展。社团成立时间虽然不长,但开展的活动有声有色,深受校内外学生的一致好评。例如,为建设、健全学生的自尊、自爱观念,帮助学生树立健康的道德理念,青春同伴社开展了题为"避孕,我要科学的"世界避孕日宣传活动。

第一部分:在百年广场开展户外宣传活动。

1.避孕方法消消乐。现场设置避孕方法漫画形象 KT 板、对应避孕方式特性 KT 板,参与者在工作人员指引下,在二者之间进行连线配对,现场工作人员进行评定,全部答对进入下一环节,参与者都可以获得同伴社世界避孕日小礼品一份。

2.科学避孕答案箱。现场定制有关 926 的避孕知识答案箱,参与者在通过抽奖的形式随机抽取问题进行解答,现场工作人员进行评定,答对进入下一环节,参与者都可以获得同伴社世界避孕日小礼品一份。

第二部分：在学生活动中心开展同伴教育之如何科学避孕活动。

1,在主持人的带领下全体成员进行了一场有趣而有意义的热场游戏

"宾果游戏"。

2,在主持人组织下，小组进行避孕方法大讨论。

　　在日常活动中两个社团都充分调动成员的积极性和创造性，让社团成员发挥自己的爱好和特长，打造特色活动，提高社团自身的凝聚力和影响力，促使校园文化的深入发展。同时，两个社团在健全成员学生自身心理素质、张扬个性、发挥自主创新精神、夯实专业基础、提升专业能力等方面发挥了重要作用。

三、同伴互助，网络牵情

　　同伴互助是以专业互助为目的的两个或多个教师同伴一起组成的伙伴关系，但在心理健康教育职前教师的培养方面我们也借鉴了这种形式，尤其是充分利用网络建立微信群、QQ群寻求已毕业、从事心理健康教育工作的师兄、师姐的指导与帮助。它立

足于教学实践,其价值诉求在于通过指导,解决实际问题。例如,针对师范生的说课、试讲,由于指导老师一人要指导多个同学,在教师集体指导的前提下,也会考虑让学生之间互相听课、评课,促进小组成员共同成长。面对每年的毕业论文写作,在完成指导老师定稿修改的情况下,会让小组成员交互阅读,修改语句、错别字以及为句子润色等,以检查出自己没有发现的问题,提高论文修改的效率。

第四章　新的挑战与思考

新课程改革已经进行了 18 年之久,"关注学生发展、重视以学定教"的理念已深入人心,关于"培养什么人"的问题大家都已达成共识。但除此之外,"强调教师成长"的理念普及程度远不如"以学生为中心"影响来得普遍,这一点尤其体现在心理健康教育教师的身上。其实自 20 世纪 80 年代以来,教师教育一体化发展已逐渐成为国际教师教育改革的重要趋势之一。"一体化"(integration)强调有必然内在联系的两个或多个事物之间的有机结合或整合,并不断融为一个整体的过程。教师教育一体化发展是以终身教育为理念,依据教师专业发展理论,建立起教师职前培养与职后发展相互衔接、各有侧重的教师教育体系的过程。教师的职后成长要以职前培养为基础,但长期以来,我国教师职前培养与职后培训相分离,教师教育一体化的探索实践起步较晚。尤其是在当前新课程改革强调教师成长、但大环境不重视心理健康教育的背景下,职前心理健康教育教师的专业发展就面临着巨大挑战。

第一节　怎么办?——课程改革后的新问题

一、学生:我该怎么办?

改变课程设置、增加实践教学内容后新的人才培养方案已运行了四年,四年的时间里实习学生遇到的实践操作的问题有所减

少,但新问题也在增加。其中学生反映比较集中的问题主要有以下几个:

(1)中小学心理健康教育不受重视。相较于之前学生反映的学校对心理健康教育完全无视,现在的进步在于从学校领导到任课教师都知道心理健康教育很重要,但大部分学校都是"认识上的巨人,行动上的矮子",在落实心理健康教育的过程中,工作只停留在表面。比如,由我指导的在不同县、区、市实习的 12 位同学普遍反映:实习学校没有专职心理健康教师,没有开心理健康课,有课的学校也是停留在课程表上,学校的心理健康教育仅仅体现在安排了一间闲置已久的心理咨询室。有些学校有兼职心理健康教育的老师,但主要工作还是自己的本职工作,兼职的心理健康教育工作也是主要体现在"上面"来检查时做一下资料。记得一个实习了三个月的学生跟我讲:"进校后给我的最大感受就是大部分师生都对心理健康教育不了解,甚至有的老师认为只要把学生往我们这边一带,学生回去就一定能变得更好,以为我们就一定能解决学生的心理问题;校长给我们的感觉是非常重视心理健康教育,但是我们的心理健康活动月的活动一个也没有开展下去,这让我的热情逐渐消失。"同样的问题让许多兴致昂扬去实习的同学热情受到打击:学校没有安排心理健康教育课,没有指导自己专业的老师,每天被安排去听语文、英语、政治等学科课程,批改学科课程的作业,备课、上课的内容也是指导老师的任教科目,而自己的专业课程却得不到课堂教学的实践指导,只能自己默默挤出没被安排的时间做一些个体咨询的工作。其中一个女生的问题也让我困惑了很久:教学没有任何跟我们专业有关的内容,我想知道每天让我们批改学科课程作业的意义是什么?

附一封 2016 级实习生的来信。

许老师好!

我现在在 ×× 县第五中学实习。据了解,这个学校在 2016 年开设了心理健康教育课,建设了专门的心理咨询室、沙盘室和宣泄室，还建立了16级入学新生的心理健康档案。但是，学生的心理健康工作只做了一年，此后学校就没有开设相关活动和课程了。我已经实习了两个月，但是我们只做了一次跟专业有关的工作，就是给九年级的女生做了一次青春期心理健康教育讲座，虽然没有被学校安排上课，但是被安排在校团委实习，我的指导教师是团委书记熊老师，她在上八年级音乐课，这也是跟我的专业不符合的，团委的各项工作非常多，来实习的时间里，我做的最多的事情就是写简报、写计划，安排学生工作，包括少先队、共青团、学生会、社团的一些工作。但是，能感受到学校的老师相对来说是比较重视学生心理健康教育的，也有老师来找我们给班上的学生上心理健康教育课，虽然我们也去上了，但我们都知道，一节课并不能了解多少，效果也不怎么样。

从学校学到的心理知识还是很有用的，我也会遇到个别学生来做咨询的，但是我觉得学校课程要安排一些针对学生个体咨询的课程。很多时候班主任在充当心理老师，学生就算自己想了解心理健康也找不到渠道，我们又缺少实际的咨询经验，遇到了又是忙乱慌张，所以我觉得学校应给我们提供一些实际经验或者案例能让我们对学生的个体咨询有一些了解，也可以了解一些相关的解决办法。

我现在一直都在团委工作，给学生上课的次数和教学经验少之又少，我感觉对我自己并没有什么多大的用处，每天也没有什么课要上，给学生上的课都是其他教务处安排的自习课，团委的工作事情很多杂事也很多，我感觉自己就是这样的，有的时候会很忙，有的时候又很闲。我的指导班主任是数学老师，我的专业不对口，所以也没有被安排给学生们上课。作为心理专业的学生，我更多的是希望能给学生们上心理健康课，但是资源有限，希望我自己通过这个学期的实习能够得到更多的成长。

（2）学校、家长太功利化，只看重学生的成绩。在没有分数保证的情况下，所有其他活动都不能开展，其他所有的问题都不是问题。尤其是家长的这种观念更牢固。但学生在做这类工作时又很困惑：在尽可能改善学生心理问题的基础上如何与家长沟通才更好？很多学生反馈：无论通过测试筛查还是个体辅导，发现每个班都有一些需要关注的孩子，而这些孩子的问题来自家庭方面的影响因素最为严重。但是，当心理老师反馈给家长后，家长不仅没有去理解孩子，反而责怪孩子多事，让家长丢脸，更有家长直接拿学生有自杀倾向来威胁学生"有本事你现在就跳下去"，诸如此类。这种情况下与家长沟通不妥的话受到伤害最大的无疑还是孩子，所以当下最需要了解和最困惑的问题就是如何做好家长工作。

（3）实际操作细节性知识欠缺。比如，第一次做咨询时，我感到非常紧张，而且来访者一进来便开始了他的倾诉，所以我都没能讲明我们的保密原则和助人自助，而且在之后的咨询中，我们也并没有很认真地向来访者讲明我们的保密原则和助人自助原则，而只是向他们说明我们不会泄露他们的秘密和个人信息等，不知道这样可不可以；刚开始做咨询时基本都是以倾听为主，但很多同学通常都只是来一次，不知道该怎么做下去；学校要求组建心理社团，不知道从哪里入手比较好？班主任工作庞杂又琐碎，不知道该如何平衡教学和管理工作的时间？真的遇到有学生要自杀时该怎么干预？诸如此类一些细节性但又是具体操作性的工作，学生还是会慌乱、难以应对。

二、教师：我需要做些什么？

实习生的问题和困惑就是老师工作改进的方向。尤其是在听到学生提及的很多问题是由于我们在教育教学中没有关注到而造成的时，更应反思我们可以为学生的专业发展做些什么？韩愈在《师说》中讲："师者，所以传道授业解惑也。"既然学生产生了困惑，教师就要寻求该如何解答。

从新课程对教师角色的定位中我们可以发现：教师是学习者、研究者，也是学生的引导者、促进者，还是课程的开发者以及反思者。针对实习生入校前后的心理落差以及实习中遇到的很多中小学生的新问题提示我们:对基础教育中心理健康教育的执行情况需要密切关注,并了解现在中小学生的身心健康水平以及行为表现,这样在平时教育教学中可以让学生有一个恰当水平的期待,不至于落差太大或遇到问题时手忙脚乱。高校教师还可以结合地方基础教育发展多多科研、教研,以对困扰实习生的问题的形成、解决有深入了解。同时,加入实习指导是非常必要的,尤其是实习生在实习学校没有专业教师指导的情况下,更需要自己的专业老师给予及时的解答与引导。

针对教师反思者的角色,在学生的困惑是由于我们在执行课程标准时出了问题时,我们就应该反思:对于课程培养目标我们是不是没有理解透?如果是由于在执行课程计划时出了问题,我们则该反思:是不是由于不够了解学情,导致没有把握好教学的重难点?或是教学的形式是否存在问题导致学生掌握不够牢固、不能学以致用?当一个学生跟我讲:"老师,我接待了来咨询的学生后不知道该怎么做咨询记录,我觉得这块内容在我们以后的教学中应该加上。"我听了之后不假思索地反驳道:"这一块内容我明明讲了的,还给大家出示了别人做的咨询案例的记录!"该学生恍然大悟似的说:"哦,对,我忘了!"之后我也立刻反思:这种实践操作性很强的知识自己讲了为什么学生没有记住呢?是自己当时就没有使学生意识到它的重要性,还是教学的形式出了问题?以后这个知识点该如何呈现才能让学生掌握并且会灵活应用?自己的教学方式、方法是否需要做更新、改进?

可见,我们需要首先听取学生的反馈,再结合学生反映的情况思考我们可以做些什么?

三、专业:师范专业认证背景下我们该怎么做?

为建设高素质的教师队伍,教育部于 2017 年印发《普通高等学校师范类专业认证实施办法(暂行)》,旨在通过师范专业认

证推进师范专业人才培养质量的提升。师范类专业认证以 OBE
（Outcome Based on Educationg，即"成果导向教育"或"产出导
向教育"）教育理论为指导，坚持"学生中心、产出导向、持续改进"
的理念，对师范类专业教学进行全方位、全过程评价。围绕认证
理念，师范类专业重建应抓两个方面：专业的基本内涵是从事教
学活动即培养人才，而专业建设则是高校教学建设的主要内容，
也是高校开展教学活动的基础。从专业内涵看，专业建设的目标
与初衷在于服务人才培养，促进学生发展。所以，师范类专业认
证关注"学生中心，强调遵循师范生成长成才规律，以师范生为中
心配置教育资源、组织课程和实施教学"。 OBE 是师范类专业认
证的核心理念，要求"教师必须清楚他们的学生毕业时应达到什
么样的结果，然后寻找并设计适宜且有效的方法使他们达到这些
结果"。从学校来看，整个教育教学的系统是围绕学习结果来组
织的，使教育教学活动真正以全部学生为中心，而不是简单地按
照学科内容和教学周历进行安排。

　　基于师范院校迎接专业认证的大背景，学生的反馈对于我们
的认证工作提供了改进的方向和具体内容参考。针对学生与家
长沟通上的困惑，检查我们以往的人才培养方案，家庭教育的课
程应设置在课程计划中。在强调家校、家园合作的大教育背景下，
开设家庭教育课程的需求呼之欲出。随着中小学生心理健康问
题日渐增多，自残、自杀现象频发，危机干预系列课程显得尤为紧
缺。面对很大一部分学生到了大三还在整天将"迷茫"挂在嘴边
的状态，生涯规划的课程似乎还很欠缺。

　　产出导向的认证理念要求专业建设除了考虑学生的反馈，还
需要了解用人单位的需要与意见。为此，需要结合《师范专业认
证标准》思考如下问题。在目标定位上，需要考虑我们的师范生
将来工作要面向的领域有哪些？可以从事哪些工作？应具备哪
些基本素养？作为一个地方高校，应该培养什么类型的心理学
人才？在目标内涵上，需要了解心理学专业师范毕业生在工作
岗位中应具备哪些专业技能？在社会生活中应具备哪些职业素

养？心理学师范生需要具有什么样的竞争力？5年后职业发展应达到什么样的成就？在目标评价上，应思考我们的专业定位是什么？为了更好地培养心理学师范专业人才，需要具备和提升哪些办学资源和条件？已经就业的师范生主要在从事什么样的工作？他们对学校人才培养教育有何建议？作为用人单位，对心理学专业毕业（5年）的发展潜力、专业技能和综合素质有何要求？现在在职的本专业毕业生是否达到了用人单位的预期？有哪些优点和不足？关于课程与教学，为了使心理学毕业生能够更好地适应工作的需要，用人单位觉得在本科的课程与教学中应重点加强哪些课程的学习？应该增开哪些课程？具体内容涉及哪些方面？原因是什么？

第二节　心理健康教育职前教师专业发展内容的思考

教师专业发展水平直接决定和影响着国家教育的质量、教师队伍建设的专业化水平以及未来人才培养与教育的质量。一般来讲，教师专业素养在结构上至少包括教师专业伦理、教师专业知识和教师专业能力三大板块。具体到心理健康教育教师的身上，"专业素养"包括心理健康教育教师正确的职业观、深厚的专业情意、坚定的专业信念、精深的学科专业知识和专业教学知识、广博的通识知识和教育知识、过硬的教育教学能力、持续的终身学习能力、敏锐的专业反思能力以及灵活的管理交往能力。除此之外，作为一个心理健康教师，还必须有良好的心理素质和健全的人格特征。这也是准心理健康教育教师发展的内容体系。

一、教师专业伦理

苏联著名教育家苏霍姆林斯基曾说："真正优秀的教师必须具备师德高尚、业务精良、具有现代教育思想、扎实专业知识、良好教学方法、较强科研能力之素质。"可见,要成长为一名优秀的专业教师,师德永远是排在第一位的。这表现为只有认同心理健康专业、热爱心理健康教师这份职业,才有可能成长为一名合格的心理健康教育教师。因此,在职前心理健康教育教师的专业发展中,首先就要关注从事这一职业的幸福感。

在心理学上,大部分学者把幸福感界定为一种主观体验,是人类基于自身的满足感与安全感而主观产生的一系列欣喜与愉悦的情绪。它既是对生活的客观条件和所处状态的一种事实判断,又是对于生活的主观意义和满足程度的一种价值判断。由此可见,幸福感更多地表现为一种价值感,它从深层次上体现了人们对人生的目的与价值的追问。职业幸福感是教师专业发展的重要影响因素之一,职业幸福感降低将严重影响其工作的自信心和积极性。国内学者对教师职业幸福感的定义研究集中在以下两方面:檀传宝教授等认为职业幸福感是一种生存能力,肖杰等人认为职业幸福感是一种持续愉悦的主观体验。综合各家观点,我们认可陈彦宏等人提出的"心理健康教育教师职业幸福感是在进行学校心理健康教育过程中,一种能满足教育需求、实现职业理想、发挥工作潜能的能力以及在教育工作过程中持续快乐的体验"的说法。对于在职的心理健康教育教师来说,其专业发展是提升职业幸福感的最佳途径,而对准心理健康教育教师来说,职业幸福感是推动准心理健康教育教师专业发展的核心动力。对于尚处于大学校园的心理健康职前教师来说,他们的职业幸福感首先源于当下他们的专业幸福感。也就是说,只有喜爱自己的专业、认同自己的专业价值,才有可能进一步形成职业幸福感。就当下心理学专业的学生来说,有一部分在入学初期对自己的专业并没有太深的认识,更谈不上专业情感,或是仅凭影视剧里对心理咨询师的艺术化选择了这一专业,或是觉得很神秘而进入了这一专业领域的学习。有些同学在接触了一部分理论内容后就对专业失去了兴趣,因为"理论太枯燥,没意思",有些则在深入学习、了解的过程中深深地爱上了它。记得一位转专业过来的同学在说到自己将来的职业规划时毫不犹豫地说出："一定要当心理健康教育教师！"问其原因竟是在图书馆看书的过程中偶然从一本期刊杂志上看到了一位中学心理健康教育教师在对青春期学生进行心理辅导后总结的一篇小论文，顿时惊奇于心理健康教育教师的能量竟然如此巨大！于是，开始多方面查找资料了解心理学科的专业分支以及本校心理学的专业设置。"知之深，爱之切"，对心理学的内容了解越多，越觉得自己深深地爱上了它，于是毅然决定转专业系统学习心理学，并立志要做心理健康教育教师。这名同学的初衷是想助人，在帮助他人的过程中实现自己的价值，体验到学习这一专业的幸福感，从而对从事心理健康教育这一职业产生了坚定的信念。

陶行知先生对教师职业的认识是"捧着一颗心来，不带半根草去"，这正是教师专业情意的体现。教师的专业情意是指教师在对自身所从事的专业的价值、意义深刻理解的基础上，所形成的教师职业所必需的认知、情感和行为倾向。教师的专业情意是直接影响教师工作积极性的主要内驱力，尤其是在当下心理健康教育在中小学普遍不受重视的情况下，没有对心理专业深厚的情意的心理健康教师的确很难坚守下去。一位已经读研的同学跟我提起，在春节回家时跟同学的聊天让他更加坚定了自己对心理健康教育教师这一职业的热爱。他说：

"我是由于自己在高中时情绪化非常严重才选的这个专业。说实话，在填报志愿之前，我一点都不了解心理学，不知道大学竟然还有这样一个专业。填报志愿时班主任边在班上走动边说："心理学这个专业还不错的，可以让自己更了解自己。"就是班主任的这句话直接决定了我的人生走向，我填报了这个专业。初一接触的是一个全新的东西，脑子里没有任何关于心理学知识的储备，不像英语起码知道26个英文字母，但我从心里对它并不排斥，只想尽快知道怎么可以更加了解自己。学习的过程中我慢慢感觉到自己遇事不会那么冲动了，开始能慢下来思考该做什么反应。尤其是专业课老师的人格魅力深深感染了我，感觉他们对待人生、对待问题的态度都是那么的豁达！于是，对自己当初选这个专业的决定非常肯定。随着进学校、进社区，我发现自己渐渐也能用自己的知识帮到其他跟我原来有一样困扰的人了，那一刻非常激动，因为当时只是想着学了这个帮自己，没想到还帮到了别人。于是，我才选择考研继续深造，就是想学更多的心理学知识，将来有更多的能量帮助自己也造福别人。这次回家乡，一个高中同学说现在心理学专业就业那么难，问我后不后悔选这个专业？我说：'我一点也不后悔，我就是喜欢这个专业，将来也想当心理健康的老师！'"

从学生反馈的情况来看，国家现行的评价制度和对教师的要求相脱节，一方面喊着心理健康教育很重要、要全面推行素质教育，另一方面又赶教学进度向"分数"看齐，把包括心理健康教育在内的提升综合素质的课程能占的全占掉。素质教育遭遇前所未有的评价制度瓶颈。因此，建立科学的心理健康教师评价制度，制定新的教师评价标准，提高心理健康教师的待遇，在制度上解除教师的后顾之忧，保障教师的健康发展，可以很大程度上增强心理健康师范生的职业认同感。全社会可以通过提高对学校心理健康教育的重视程度、理解心理健康教育在中小学开展的待遇、用尊重的眼光看待心理健康教育教师，从而增强师范生的职业认同感，让准心理健康教育教师感受到心理健康教育在学校里一样有用武之地，一样是可以促进学生发展的。心理健康教育教师的发展需要有教育行政部门的规范和学校的严格要求。专业化发展所需要的经费主要来自学校，如果只是流于形式上的参与，即获得相应的学分或资格，那么所谓的"专业化发展"仅仅是一种浪费行为。因此，从外显的活动、培训形式到真正的专业成长，需要外在的严格把控和恰当的评价体系的约束。

就师范院校层面来讲，可以通过加强师范生的专业知识和专业能力促进其专业幸福感的养成。很多学心理学的同学都被问到过同样一个问题：你是学心理学的呀？那你知道我心里现在正在想什么吗？听到这一问题，大部分人的第一反应是气愤：我又不是算命的！但细想一下，心理学的学生经过四年的专业训练是不是也可以通过察言观色、各种微表情大概推测出一个人的心理活动呢？如果师范生们都具备了这些知识和能力，是不是就可以提升他们的专业自信，从而产生专业幸福感呢？在教师资格证要国考、心理咨询师证已经取消考试的情况下，我们心理学师范专业毕业生的优势体现在哪里？另外，许多心理学专业的学生对未来职业不确定的一个重要原因是不好找工作。就这一问题而言，学校可以尝试从学生入校初期就加强与实习基地的联系，多为学生搭建就业平台和创业机会，全力支持心理学师范生在实践中提升职业幸福感。

二、教师专业知识

不同于很多人认为的只要能开口说话就可以当老师；相反，教师是一个专业性极强的职业。刘义兵教授等人认为，教师的专业知识包括学科专业知识、学科教学知识、教育知识和通识知识。

学科专业知识是指教师所具有的自己任教学科的专业知识，解决的是"教什么"的问题。心理学师范生想要成长为一名合格的心理健康教育教师，就需要掌握本学科最前沿、最广博的专业知识。专业知识的积累一是在于学校课程设置的优化，《普通心理学》《生理心理学》《教育心理学》《发展心理学》《社会心理学》《咨询心理学》《变态心理学》《实验心理学》《统计心理学》《心理测量学》等学科知识的学习，有助于师范生形成心理学专业知识体系，从而在遇到问题时能快速做出专业判断。学习《中小学心理健康教育指导纲要》《精神卫生法》等相关知识，确保在进行专业教育教学过程中不违背伦理原则，遵循纲领文件的精神进行教育。尤其是在信息高度发达的今天，每个人都是一个潜在的"心理学家"，因为每个人都能说出一点关于心理学的知识或信息。在这种情况下想要胜任中小学心理健康教师，精深的专业知识必不可少。

学科教学知识是指教师具有的关于如何教授自己任教学科的专业知识,解决的是"如何教"的具体问题。职前心理健康教育教师对这一版块知识的掌握直接决定了能否上好心理健康教育课。每一届心理师范生在《学科教材教法》这一课程里最期待的就是讲解心理健康教育课该如何上、心理健康教育课程与其他课程有什么不一样?该如何进行活动设计?在掌握心理学专业知识解决了"教什么"的问题后,"如何教"就强调既要了解不同年龄段孩子的身心发展特点,又要理解心理学与其他学科知识的不同,牢牢把握其"活动课"的性质,设计出针对不同年龄段的活动方案。在实习过程中,很多同学不理解听非专业老师的课的意义。从掌握学科教学知识的角度而言,所有的课无论专业属性是什么,既然是课程就要遵循课程共同的规律;另一方面,在听学科课程教学的过程中可以更直观地比较心理健康活动课与学科课程的不同之处,从而抓住精髓,掌握心理健康课的操作要领,即重感受,不重认知(是"不重",不是"不要");重引导,不重教导("导"的基本方法:倾听→同感→判断→商量);重口头交流,不重书面活动;重目标,不重手段;重真话,不重有无错话;重氛围,不重理性探讨的完美;重应变,不重原定设计;重自我升华,不重教师概括总结。正如每个学期教学法的理论讲授结束,学生们的一致反应就是:"啊,心理活动课的教案就是这样写啊!"

除了课堂理论的学习积累学科教学知识外,师范生还可以从听同学的课、听同行老师的课里吸取经验,借鉴别人的闪光之处帮助自己形成带有自己风格的教学知识体系。

教育知识即从事教师职业的人必须掌握的教育理论方面的知识。从这里可以看出,教育是一门技术。但如果要能完全胜任教师工作,还必须看出教育教学更是一门艺术。教育知识的掌握依赖于《教育学》《教育心理》等理论知识的学习,也得益于从榜样身上的观摩学习。

附 16 级实习生丁××中期小结

这个学校没有心理健康课。目前我和小花上的心理健康课都是占用李××老师的计算机课，她是教七年级的计算机课，七年级一共有六个班，我和小花轮流分别给这些班级上课。也就是这个星期给一、二、三班上，下个星期给四、五、六班上。虽然轮番给这些班上了几节课，但是我仍然记得我第一节课的仓促和挫败感，上得乱七八糟。可是，上了几节课下来之后，在老师的指导下和不断累积失败的原因，我和小花终于找到上课的感觉，所以后面其实算是还好。这里很感谢李国菊老师，因为她并不是我的指导老师。学校给每名实习生都分配了指导老师，我是跟着八年级的一个英语老师，他叫汪××老师，而小花则跟着李××老师。说真的，虽然我跟的老师不是咱们专业的，但是对于授课技巧、班主任管理、如何与学生相处等知识他都倾囊相授，我真的受益匪浅，而且汪老师总是能一针见血地指出我上课的弊病，我需要学习的实在太多了。平时和小花没课的时候都会去听各种各样不同风格老师上的课，虽然都大同小异，但是这些优秀的老师能这么好地把握课堂应该也是很多年的累积，我们就像是光明正大地"偷师学艺"一样，特别想把他们的经验都学会。可是，真正到了课堂的时候，我们能展现得仅一丁点儿，我们也是需要自己寻找适合自己的授课方式，自己积累经验。

最后说一说我的实习班主任工作，我是跟着吴××老师管理五年级四班。做班主任工作其实也才一个月，但是我觉得超级漫长。虽然我并没有做什么负担很重或者工作量很大的工作，我仅仅只是跟跟课间，平时有事没事就去班上转悠，或者班上有什么活动时帮忙加油打气鼓励和做做心理工作，如比赛输了安慰他们之类很小很小的工作，可是我觉得就像是过了好几个月一样。可想而知，真正的班主任要做的工作不仅如此。而且，我现在看到的都是在吴××老师的大量管理下才得到的结果，我都是蹭着吴老师的光，和这些天真活泼的孩子谈笑风生。每次我能做的微乎其微。但是，我依然能从吴老师的管理下学到很多东西，班主任工作其实真的很大，不仅要管学生的学习还要管生活，还要做好家长的工作。而且，思源实验学校是分小学部和初中部，小学部的班主任基本每位都是教两科到三科，工作量更大。我真的由衷地服气。

实习的这两个月时间，我学到了很多，也意识到了自己的许多不足。我希望接下来的两个月我能改变自己的很多坏习惯，也能把自己学到的知识运用起来，不要再一天天把迷茫放嘴边。

通识知识是指教师所具有的一般知识，包括自然科学知识、社会科学知识、人文科学知识、艺术欣赏与表现的知识以及当代重要的工具性学科领域的知识等。广博的通识知识的积累不是一朝一夕可以完成的，它依赖于师范生常年的日积月累，在保持对各领域知识的兴趣基础上广泛涉猎。这样不但有助于自身素质的提高，也有助于防备在教学时的不时之需。师范院校对于学生通识知识的积累主要通过通识教育进行，通识教育的核心在于培养人的整体素质，而并非培养人的某一领域的专业知识。它强调整合不同领域的专业知识，重视培养人的思维方法及敏锐的洞察力，强调对不同文化的了解，也重视人的情志的培养等。总之，通识教育旨在培养完整的人，是在为学生未来人生做准备。师范生在图书馆涉猎天文地理各科知识，参加校内外文艺、体育、哲学等各项活动和实践，都可以积累通识性知识。一个人生活的外沿就是其知识的外沿，心理健康教育教师的生活越充实，经历越丰富，其通识性知识体系也就更庞博。

三、教师专业能力

教师的专业能力是教师教育理念、专业知识的载体，它直接关系到学生的实践能力和创新能力的形成。教师专业能力包括教育教学能力、终身学习能力、专业反思能力和管理交往能力。对于准心理健康教育教师来说，教育教学能力是最核心的能力，具体表现在心理健康教育教学能力、心理咨询与辅导能力以及科研能力上。

　　师范生心理健康教育教学能力的培养可以通过多种渠道进行。首先是专业技能训练,如以说课、试讲的形式展开,尤其是在试教训练过程中进微格教室进行录课,一遍遍反复观看有助于师范生快速发现自己身上存在的问题并进行纠正,从而在短时间内提升自己的教育教学能力。其次,参加践习、实习是提升师范生教育教学能力的另外一个重要途径。在实习过程中有专业老师的指导和评课,有真实课堂的问题和氛围,师范生的教学能力可以在锻炼中快速得到提升。最后,参与教学技能竞赛是另外一种促进师范生教学能力提升的有效形式。这一点在参加全国首届心理学大学生教学技能大赛的同学身上得到了印证。两个月的时间录课五次,每次都是不同班级的借班教学,教学对象从七年级换到八年级,每次课后都有一帮专家团队的辅导、点评,比赛结束后再去实习学校上课时课堂教学水平有了非常大的提升。参赛的过程也是磨课的过程,快速提升了参赛学生备课、写教案、打造课件以及驾驭课堂的能力,这种提升速度不是一般训练短时间内可以做到的。

　　心理健康教育的形式除了心理健康教育课程,还包括个体心理咨询、团体心理辅导、心理讲座、专题辅导等。对于准心理健康教育教师这些能力的提升,主要依靠学校实践教学的支撑。工作坊是一种快速提高师范生个体心理咨询和团体心理辅导的形式,因为工作坊都有明确的主题和训练的内容,学生参加工作坊可以系统学习操作性很强的技能、技法,并且在理论讲解过程中更强调练习和应用。比如,近年来在中小学心理辅导中都颇受欢迎的绘画心理分析,相对于其他疗法,绘画心理分析简单易操作,对于作画人也没有太多限制性要求,所以被广泛应用于中小学生心理健康筛查、心理问题诊断中。

　　终身学习是指人的一生通过持续学习活动以求意识与行为的变化,不断地提高自我或他人的文化教养、社会经验和职业能力的过程,正所谓"生命不息,学习不止"。《教师教育课程标准(试行)》强调教师要有"终身学习"的理念,可见,终身学习能力是教师实现专业成长的最为核心的能力。尤其是在今天这样一个学习型社会里,知识的更新速度日新月异,师范生只有形成终身学习的能力,才能保证教学内容、教学方法不与时代脱轨。要做终身学习的学习型教师,就要坚持思考和学习,要善于发现学习中存在的问题,敢于质疑,更长于思考。尤其是心理健康教师面对的教学对象是快速发展中的人,教育的内容是人的各种心理和行为问题已经潜在的发展可能。人是成长变化着的,教学内容就是生成着的,因此要能胜任未来的心理健康教育教师必须坚持终身学习的理念,做到"活到老,学到老"。例如,对于专业课程作业的安排,可以考虑问题导向的实践性作业,这样有利于师范生动脑去想、动手去做,这样完成的作业才是集聚了学生知识、能力与思想于一体的作业。

专业反思能力即教师对自身的教学行为与行为决策的有效性做出分析与评价的过程。美国斯坦福大学教授李·S.舒尔曼说:"专业人员必须培养从经验中学习和对自己的实践加以思考的能力。"美国学者波斯纳认为:"没有反思的经验是狭隘的经验,至多只能形成肤浅的知识。"因此,他提出教师的成长等于经验+反思。只有经过反思,教师的经验才能从感性认知上升到理性认识,并对后续教学行为提供有力的理论支持。全国特级教师袁容从自己的教学实践和成功经验总结出:教学成功=教学过程+反思。更有学者提出21世纪教师最重要的能力之一是教师的自我反思能力。反思教学对教师成长具有极为重要的作用。鉴于此,教学反思被认为是"教师专业发展和自我成长的核心因素"。

但调查显示,师范生专业反思能力总体处于中等水平。按教学反思能力的三个维度来说,理论反思能力水平相对较高,经验反思能力相对较低,毅力得分最低。师范生专业反思能力水平不高的原因可能在于缺乏反思习惯,探索新事物和新观点的好奇心和开放性思维。对于心理健康教育的职前教师来说,具有教学反思意识和教学反思能力直接决定其专业发展的程度和进程。由于"活动"和"体验"是心理活动课最核心的两个要素,心理健康教育的首要目的是要通过创设一定的心理情境,开展极富启发意义的活动来造成个体内心的认知冲突,唤醒学生内心深处潜意识存在的心理体验,以达到影响他们心理、提高

心理素质的目的。但学生从生理到心理时时刻刻都是在变化着的,课堂是生成的,教学预设可能永远赶不上课堂的变化。因此,心理健康教育课的教学反思必不可少。师范院校对职前教师教学反思能力的培养目前并不多,未来可以考虑通过增加思辨性课程以及在教师教育的过程中改变评价方式进行。例如,要求学生对自己完成的各专业课程作业进行自评、小组互评;在教育实习环节要求师范生定期对自己的教学实践做出反思总结,如写日志、实习周志、实习月小结等形式进行。

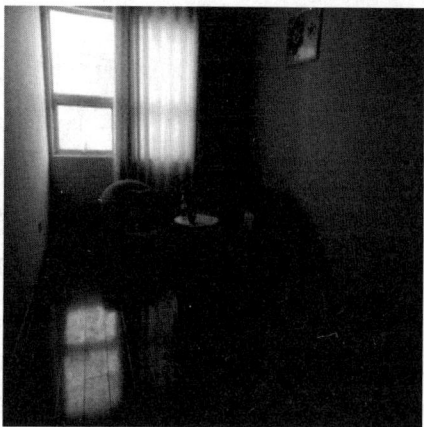

绥阳县实验中学半学期小结

在学校实习两个月以来,似乎过得很快,一转眼,实习期已经过半了,对于学校心理健康教育的开展情况已有了清楚的了解。

一、基本情况

实验中学有两名兼职心理健康教育老师,每学期会开一两次全校性的讲座以及问卷调查,排查有问题学生。学校设有心理咨询室,包括办公区、沙盘室、个体咨询室、音乐放松室、宣泄室一系列功能室,里面设备齐全、环境较好,但没有饮水机和空调,整体上是很不错的。由于老师的限制等情况,学校未开设心理健康教育课,一般会以主题升旗仪式的形式进行宣传。

二、实习情况

第一，个体咨询方面。在我们到这之前，心理咨询室没有向全校开放，所以很多学生不知道学校有这个功能室。我们来到学校后，前两周基本没有学生前来咨询，我们便通过学校的个别班主任老师或其他老师对学生出现的问题做了大致的了解。后与指导老师商量，通过一些方式向学生宣传这一方面的知识，使他们能够勇敢地前去咨询。通过商量，设计了心理健康活动月的主题活动，在启动仪式上，由学校校长致辞，学生对心理健康这一概念有了一定的认识，我们的宣传也达到了比较可观的效果。自启动仪式后，每天前来咨询的学生很多，但有一部分是来玩的，如去打打宣泄室里的假人、玩玩沙盘；另一部分是有需要帮助的孩子，我们便实行了预约机制，每天接待 3～4 人，一直到现在，基本稳定。对于前来咨询的学生，主要问题有人际关系、学习压力、厌学这些问题，追寻其原因，大部分是来自家庭，有的父母离异，有的家庭暴力，有的父母只注重成绩，使他们在生活上缺少关爱，有的父母外出等一系列情况。从他们倾诉的问题来看，父母可能占主要原因，但是还是处于青春期的学生对事敏感、抵抗力差，经不起一点点打击，然后形成了心情郁闷、在意别人的看法的这样一个状态。在咨询过程中，也出现了一些问题，主要有三：一是生活中的小问题，我该不该从专业的角度去引导；二是遇到了比

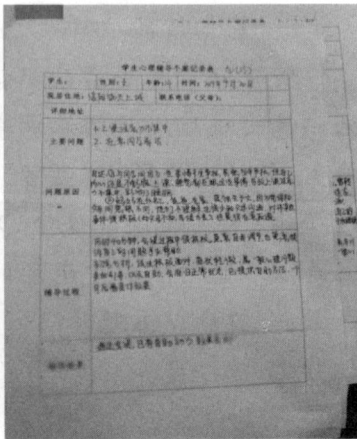

较棘手的问题,我运用专业知识去引导时,他们并不懂,反而用经验和他们交谈,情况会更好,我又该怎么办;三是我知识储备不够,不知道怎样去控制这个时间,是等其一直讲完呢,还是把控时间让他下一次再来,对于学生的咨询,我该不该从专业的个体咨询入手。

第二,上课方面。实习以来,一共上过一次专业的心理健康课,主题是青春期的有关问题,对象为七、八班女生,效果良好。两次班会课,虽说是班会课,但我结合了专业知识设计了班会课的内容,通过这些方法,对学生的情况有了更清楚的认识。在上课中,也出现了一些问题,主要有四:一是教态,一节课下来没有怎么动,手势这些也不太好;二是语言组织能力还需加强,容易卡壳;三是板书,有了课件,总是忘记写板书;四是准备不够充分,遇到了紧急情况不知道怎么处理。

第三,其他活动。心理健康活动月主题活动包括手抄报、黑板报、电影赏析、素质拓展、讲座。这一系列活动我们通过全校参与、分年级进行的形式,但是由于学校其他事情较多,时间上一直没有安排好。到目前,还没有完成这些活动,对于方案和问题这些还不知道存在的不足。

第三节　能手型教师的成长故事与省思

按照刘义兵教授关于教师专业发展"三段五级"的划分体系，能手型教师是继胜任型教师之后的阶段，是具有较强专业发展意愿的少数教师。能手教师一般都表现出积极的专业态度、高尚的专业道德情操、广博深厚的文化基础知识、丰富的教育教学实践经验，熟悉知识间的内在联系。通过能手型教师的成长故事，可以对准心理健康教育教师的发展带来一些启示。

故事一：谈"囧"与"炯"，促心理教师专业发展

讲述人：李晓燕，安徽省合肥市庐江二中专职心理健康教师，硕士研究生，国家二级心理咨询师。

在家长群，我的备注是"高心老师"，很多家长都误称我为"心老师"。在这个心理老师挺囧的年代，不知"高数老师""高英老师"是不是也被人误称为"数老师"和"英老师"的囧事呢。确实，如果说是一名专职的高中心理老师，我想我是不够格的。至少到今天为止我都没有真正踏进她的大门。我也结合自己的切身经历也来谈谈心理教师专业发展的"囧"和"炯"，一起探索这里到底"囧"在哪？

2012年，我和心理有了第一次亲密接触：专职心理老师。这其实是被安在教务处名下的一个闲职。在近乎2个月的时间里，我几乎无事可干，也因此感受到了心理教师的"囧""囧""囧"。

"囧一"：作为一名心理老师，和朋友或者同事一起出去的时候，别人会这样介绍你："她是我们学校的心理老师。"这个时候，那些人就会说："我有很大的心理问题，有空找你咨询！"感觉气氛都会有点变化！　还总会有人问我，他心里在想什么。狂郁闷！天知道！更有甚者学生有时在旁边议论"心理老师教心理课多了就变态了"……

"囧二"：第一个对唐校长提的要求就是要课，就是趁着别人请假或者空当的份，我来给学生上一盘心理小菜。我要让吃惯了大餐的学生首先知道心理课实用又好玩。折腾了一段时间，要课的效果真的好小，一个月也就个把次机会，真是囧的花儿都谢了。

"囧三"：学校每年都会请名师到校做大型考前辅导讲座。2011年请的名师强调宣泄。同学们争先恐后地把各种书籍从楼上摔下，整个教学楼门前出现一片书海世界。2012年请的名师强调个案，一个个血淋淋的教训，学生们走了一半，保安倒是手忙脚乱。2013年请的老师更是直接认为考前心理辅导完全没有必要，这让我这个小小的心理老师情何以堪？

走到今天，一路磕磕绊绊，撞过壁也流过泪，好多时候想过放弃。我知道我要走的路还很长很长，我知道二中已倾其所能给了我最好的支持。别无选择，我只能在属于自己的道路上一步一个脚印地前行，还好在路上一直走着，从未停下。现在好像已步入正轨，我也体验了一把"炯""炯""炯"。

"炯一"：打课

第二个向唐校长要的就是"打课"。要了好友的高一（3）班，请了领导们听课，贴了通知请同学们观摩。除去首次上心理公开课的青涩之外，效果很强大，这次课得到了领导们的一致认可：心理课确实不一样。

"炯二"：讲座

第三个要的是讲座。也许怕我没有经验，学校决定让我先拿高二练练手。先做一个班并且在晚上开。这已经是给我最好的结果。只许成功不许失败！这代表着我的明天能不能继续。结束之后，经过专家们的点评一致通过。我很欣慰，这好像打开了一道天窗。讲座的成功也使得我的名气迅速攀升。最后经领导决定，全校60多个班全部开展心理讲座，并且把学校里的大讲堂交属给我，幸运之至。从最初的一个班到两个班再到三个班甚至四个班一起；从最初的学校要求班主任必须随堂听课到后来的班主任主动全程参与；大约在我讲了10个班以后，开始不断有班主任给我打电话问把他们班安排在什么时候，这整个过程成长的又何止是学生呢？

"炯三"：校刊

貌似我的胆子越来越大，我感觉一直都很顺利，再看到大家的小报都办得有声有色。我开始向唐校长要心理小报，结果悲剧了。考量再三，还是不死心。我决定向校刊要版面。果然杜主席答应了。第一阶段我们合作非常愉快。很快我们又有了第二次的合作。杜主席给我安排了一个任务："三八"妇女节给全体女教师做个心理减压讲座。这个讲座的成功使我的自信心向前跨越了一大步。

"炯四"：展板

受"心理老师之家"的启发，高考进入倒计时90天时，我打算集合全校师生的力量办一个主题为"高三，加油！"的展板。唐校长非常支持，牧羊人心理社的同学全体出动，在展板上写上了满满的祝福，就放在大门口最显眼的位置，引得许多同学驻足祝福。看到这样的效果，唐校长又给我十个橱窗宣传栏，贴满了大大小小的心灵密码，一时间真有"春色满园、心理飘香"之感。

"炯五"：专访

由于我频繁出入唐校长的办公室，也偶然认识了《庐江日报》的领导和记者。他们在称赞的同时，要求对我做个个人专访，这是我个人第一次整一个版面的专访。很快他们又向我抛出橄榄枝：高考特邀稿约《沟通：家长"备考"利剑》。就在昨天我又迎来了个人首次电视台专访。

短短4年，我经历了"囧""炯"的巨变。但在心理老师的这条道路上，经历过巨变的又何止是我一人。在心理学的春天就要到来之际，我们这些新手老师到底要做好哪些准备以加快自己的专业化进程呢？

这个故事是晓燕在2017年我提出要了解她的专业发展经历的时候发给我的，彼时她早已将她的成长故事发表在了期刊上。我和晓燕是研究生阶段的挚友，一路走来知道她的不容易。现在的她早已是各种荣誉称号傍身，除了学校心理健康教育做得规范严谨,家庭教育的讲座也是一场接着一场。问到她这些年在专业成长上最深的感受是什么时,她说那应该就是:"有没有路都要坚持向前走吧!"我深深感动于她的执着与对心理健康教育工作的热爱!是啊,如果没有坚定的职业信念和对教育事业的无比热爱,怎么可能在那么短的时间里就完成了专业发展上的华丽蜕变呢?

对晓燕的佩服还来自她的科研创作热情与能力。除了在朋友圈经常看到晓燕平时的工作、学习,线上看到最多的就是她的期刊论文了。点开每一篇都是一个心灵故事,是她的班主任工作经验、咨询案例分析、家庭教育心得……优秀教师的标准之一就是必须具备一定的科研素养。在繁杂的教学、活动安排下,她坚持把自己的成长经历记录下来并做成科研论文,不仅体现了她的科研能力,更是教师专业发展中"教学反思"理念的生动展现。

故事二:寻找生命的意义

讲述人:李雪芹,上海尚德实验学校心理中心负责人,华东师范大学研培中心特邀培训师,中国音乐治疗学会会员。音乐科班出身,心理学硕士,国家二级心理咨询师。主攻音乐治疗。近年来师从中央音乐学院高天教授学习音乐治疗,在学校拥有音乐治疗室,开展个体和团体音乐治疗服务。个人专著《爱,成就孩子》是当当网推荐家庭教育必读书目。主要咨询和培训领域:儿童青少年问题咨询、家庭婚恋咨询。

雪芹也是我昔日读研同窗,更是闺蜜。我眼中的她一直是一个对生命、对生活充满无限热爱的明媚少女。之所以称她为少女是因为她那纯净的笑容,她的热情、她的开朗和做事情的执着与认真。

与心理学的渊源可能起源于自己青春期的成长经历。初三前的我是大人眼里听话、乖巧的孩子,但父亲控制型的教养方式相对简单粗暴,自己就是家里的权威,不允许异议的出现,不允许表达任何不同声音。这导致了青春期的叛逆,否定权威。因此,初三做了重大决定,父亲要求我考中专,但自己考了重点高中,选择学习音乐。虽然父亲觉得音乐没出息，但自己还是报了县城里唯一的音乐班。在这个选择中，反抗父亲的权威占一定比重，但更多还是出于对音乐的热爱。

由于高中阶段只有一名音乐老师，自己的音乐专业知识并没有学很好，还把嗓子学坏了，嗓子一度失音。因此，高考时音乐专业并不是很理想，差了 2.33 分，但文化课超了一百多分，没能走入自己理想的一本院校，却被当地的商丘师范学院录取。进入大学后一度很失落、矛盾，对现状的不满意导致自己纠结于要不要重新参加高考。为了让自己变得更好，大学前两年的综合成绩始终排全系第一，但由于专业课一般，自己内心相对闭塞、比较自卑，于是将自己的愁绪寄托于文学上，不断看文学作品、书写文字，借以抒发情感。正如阿德勒的《超越自卑》中所述，企图用这种方式超越自卑，实现更好的自我。在这种状态下由于文化课成绩比较好，毕业后顺利进入商丘师范学院附中做了一名英语教师。虽然当时的自己教学很尽力，但由于毕竟才 21 岁，管理处于青春期学生的纪律就成为一项很大的挑战。其间看书看到了心理杂志，如何管理调皮学生，原来部分是想寻求关注，于是开始对心理学产生兴趣。

性格中有主见、有行动力是我对自己探索的过程中一再确认过的。在对心理学产生了兴趣之后我毅然辞职，专门跑到全然陌生的环境——郑州，在郑州大学旁租房三个月来专心备考心理学研究生。终于功夫不负有心人，我于 2006 年考入杭州师范大学心理学系。考研的过程我很专心，全心全意，并且我有非常明确的目标，就一定付出百分百的努力。因为从未想过失败，不给自己留任何退路。置之于死地而后生的心态让我很享受自己专注、投入其中的过程。但开始研究生学习后我并不满足，不满于现状，曾经一度很不喜欢科研，甚至怀疑这是否是自己想要的。所以，在此期间我做了大量外拓课程，做主持人，潜能与领导力的培训，潜能激发的课程，还做大量的兼职。那时的内心很矛盾、痛苦，会花很大的气力去寻找一件即使自己累到趴下也会觉得内心非常满足的事情。我深信人生就是想要找到自己的召命,我认为这个东西就是上天派给我的,我一定要找到它,因为生命的整个议题就是找到它。由于喜欢心与心的连接,似乎确定心理学是我喜欢的,但当下的状态似乎又不是自己想要的,满足不了我。

　　毕业后选择去上海尚德实验学校做了专职的心理教师。这是一所十五年制的国际学校,有国内部、国际部,有很大的压力。这时我的另一个特征就表现出来了:喜欢不断学习! 于是,我把握住任何一次学习机会,不计金钱地参加学习。2010 年参加学习、沙龙,接触到了音乐治疗,感觉到这就是为自己量身定制的,那一刻惊奇又欣喜。但欣喜之余发现身边还没人做这个。但星星之火已在我心里点亮,于是自己打听到北京有人在组织学习。2013 年我又自费去北京的学校进修。这时我已经能做到将自己的学习与学校利益相结合,最大限度地争取到学校的支持,不单是金钱上,更多是时间上的支持。争取到校方、领导对自己个人成长的支持。后来接触到由美国著名音乐治疗家邦妮(Bonny)创立的音乐引导想象(Guided Imagery and Music)的方法,简称 GIM。按照美国音乐与联想协会(Association for Music and Imagery,简称 AMI)定义:GIM 是一个"以音乐为中心的对意识进行探索的,用特定排列组合的古典音乐来持续地刺激和保持内心体验的动力的一种方法。"(AMI,2000)。这种方法不太要求音乐技巧,更多要求聆听能力,强调音乐感受能力。由于自己有一定音乐和心理学基础,并且个人感受性很好,充分显示了自己的优势。于是,2015 年开始系统地学习,认证培训项目,而这一项目一般需 5 ~ 7 年完成,可能更久,但含金量高。每周 3 次自我体验,每周一个个案,个体督导、团体督导,全自主自我汇报,学习前被治疗 N 次。要求非常细致、全面、严格,因此自我成长非常重要。自我成长分为两部分。其一就是精神分析体验,我今年是第三年,请的德国导师,需要不断进行,每周一次被分析。有了方向后我的目标更明确:个体和团体的音乐治疗。这样给自己定位后可以更专心地深入学习。但也要学习新事物。下一步我已经安排有舞蹈治疗、系统的家庭治疗,如中德班的学习。有清晰定位后,制定中、长期计划很重要。同时,保持自己的开放性,对一切新鲜、未接触的事物保持好奇,都想去尝试。但到了一定年龄后在精力允许的范围内要有选择、有取舍,只选择适合自己的。当然,这样做的前提是了解自己。这个过程里强调开放的重要性,对事物开放、对未知充满好奇、对世界充满好奇,这点好奇让自己永葆进取心、永葆好奇心,让自己每天的生活都不一样。

我每天有长远目标,在行动中更新目标,如每天弹琴、打鼓、学英语、做自我体验,发现了更好的或有意义的事情会加入计划中或做一些调整。不断打磨课程,参加各种比赛,让自己有成长、锻炼机会,也获得了上海市一些课题及教学奖项,使自己有机会突出出来。由于参加学校校级评估,使自己的学校在上海市有名气,而自己作为负责人也出了一部分成果。比如,开发校本课程,拉到了出版社,出版了校本教材、个人专著《爱,成就孩子》,并且学校由此也评上了区级示范校,特色就是"让音乐沐浴心灵"!

雪芹的成长故事是她微信语音口述给我,我又转换成文字整理出来的,因为那时的她二宝刚满两个月,自己带孩子,还要上班、辅导读幼儿园的大宝,晚上还要接受督导做成长,实在是太忙了!那时听到她说专著已经出版出来了,很是惊讶又惭愧!她的工作、学习安排得那么充实竟然还有时间出了书、申请了课题、生了二宝,还在考博!最令我羡慕的是她还是"吴增强名师工作室"的成员,可以经常跟我一直仰慕的吴老师探讨中小学心理健康教育工作开展的走向。深表羡慕过后是由衷的钦佩。优秀教师应该具备的对专业的热爱、对成长的执着、对生活的热情、对未知的好奇、对过去的反思、对未来的规划,她都做到了!相对于其他专业,心理健康教育教师的工作更强调自己的成长和体悟,而成长的过程是缓慢的,有时也是痛苦的,但经历过后会明白那也是另外一种形式的体验,是一笔宝贵的人生和职业财富。

故事三：情结转化 我成长

讲述人：蒋佳桥，遵义市第一高级中学专职心理教师，第一届贵州省教育学会中小学心理健康教育教学研究专业委员会理事，2004年毕业于贵州师范大学应用心理学专业。

国家三级心理咨询师、催眠治疗师、意象对话治疗师、意象画治疗师、贝克认知疗法治疗师、沙盘游戏治疗师、梦境分析师、无悔今生培训师、长期坚持个人成长，个人体验分析达3000小时以上，咨询个案3000个以上。

长期做中、高考考前心理辅导，遵义市首届心理健康教育优质课大赛一等奖，从事中学心理健康教育及心理咨询13年。

心理辅导是一项科学性、专业性很强的工作，作为一名专职心理健康教育教师，有着教师的身份，同样也有特殊的身份心理咨询师。所以，要有课堂教学的能力，还需要有心理咨询室的心理辅导能力。15年的教学生涯一路走来，自我的蜕变离不开我坚持的自我心理成长，由一个自卑的、害怕的、无知的青涩女孩蜕变到如今的样子。15年前招我进一中的徐老师真诚地评价我说现在佳桥可以独当一面了，听到这句话的时候我也好像看到了自己这些年的成长。

一、自卑情结让我开始学习

2004年6月我毕业于贵州师范大学应用心理学专业，成为一所高中的历史上第一位专职心理健康教育教师，当时非常高兴，但是在接手具体工作的时候我才知道是做保管。当时学校只有十个班，工作非常轻松，刚开学领导安排了一次讲座，我战战兢兢地做完了这个全校的讲座，下课时一个同学陪着我走说："老师，加油！你挺不错的。"会后我们一位领导找到我说："我要是有你的那个专业肯定讲得很好。"当时的我有些无地自容，在我看来这次讲座肯定很失败了，因为没有得到领导的认同。领导的否定更增强了我的自卑感，更认为自己是无能的。心理认知就是我是一个无能的人，所以也就更加默默地做自己的工作，尽量避免和领导见面，更不可能去和领导交流。那个时候我不知道是自己的权感情结在影响着我，也不知道自己为什么那么害怕和领导讲话，所以很多工作都很被动。

 　　每天的工作简单无聊，偶尔在保管室接待来心理咨询的同学，但仅仅只是应付聊天而已，但也会遇到很认真来咨询的同学，坚持每周都来。也许是这些同学的咨询，让我更加意识到我需要学习面对自卑的情结，我希望自己能做的好。我的自卑情结源于我的成长经历。曾经的我，看到很多人都会有那种仰视的感觉，在我眼里80%的人比我好，20%的人和我差不多，总觉得自己不好。我不会穿很漂亮的衣服，因为那样会显眼，我不会主动要什么，因为我觉得自己不配。尽量去讨好身边的人，所以别人看到的我是热情的、善良的、喜欢帮助人的、自卑的。还能想起刚参加工作时，我都不敢坐公务车，我宁愿让自己麻烦也不愿去坐公务车，在我眼里我还不配去坐公务车。我出生在一个农村的大家庭里，父亲是家里的老大，个子矮小但很聪明。只有小学五年级文化的他，凭着自己的吃苦耐劳当上了村里第一位人民教师。母亲是家里最小的女孩，个子小但很聪明，没有文化的她和村里人关系都处得非常好。经常能感受到任何人都可以帮到我家的忙。父亲通常利用寒暑假的时间帮村里人做一些篾匠之类的活或者文字之类的工作，备受大家的尊敬，在农忙时同样会得到大家鼎力的帮助。从小我就体弱多病，特别爱流鼻血，因为姐姐几个月就夭折了，因为已经有了我父母不得不选择流掉我后面的孩子。哥哥又大我六岁，所以从小我就得到父母特别是妈妈过多的宠爱，后来我才感受到这样的爱的背后是强大的控制。因为父母的关系，我得到了更多别人的关照。不管是比我大的还是比我小的，都习惯了他们照顾着我，为了反抗我就生病，不爱吃饭，特别的瘦一直到了初中我住校才开始喜欢吃饭，身体才变得比较好。

 　　在自卑情结的推动下于是有了去看书的念头，开始慢慢看一些学生心理的杂志，一年以后随着学生人数的增加，保管室也搬离了原来的大库房，算是有了一个办公的地方。于是，我跟领导提出用窗帘布隔一间来做咨询室，这样咨询的环境有了些许改变,也开始了一些学习,开始考了国家级心理咨询师。在学习的过程中,又回到学生那运用,我开始喜欢上了心理咨询。给领导提出开课,没想到领导就答应了,我负责上两个学科:一个是研究性学习,一个是心理健康教育课,这是一中历史上的第一次开课,我的工作量大大增加了,每周要上17节课,要做保管还要咨询,还有晚自习,特别感谢那段时间的经历。没有教材,没有老师带你,全靠自己瞎摸索。不懂就去看书学习,上研究性学习课程时,我也会用来上心理健康课,学生更喜欢心理健康课。同时,还成立了遵义市首个心理社团:知心轩心理社团。这样我有了些后备的能量支持,社团还参加了遵义师范学院心理学的大社团联谊活动。学校也越来越重视,我的保管工作也有人来接了,正式脱离兼职做了专职心理健康教育教师,学校也单独拿了一间办公室,做成简单的、独立的心理咨询室了。我的工作就主要是教学和心理咨询了,来咨询的学生也越来越多,我的咨询量也越来越大。随后我的工作也做了些调整,主要是课堂教学、心理辅导、社团这三个方面。

在不断的教学过程中,发现自己的东西越来越不够用,于是学习开始转向了更多的培训,沙盘、贝克认知、催眠、绘画、意象对话等,我会将自己所学运用到心理成长小组,自此就走上了心理成长之路。在成长的过程中发现其实作为一名心理教育工作者,自己的心理成长或许比学到的其他任何技术都显得重要,会更多地去觉察和回观自己,从而减少因情结带来的咨询上的困扰。这时候我觉得心理老师更应该是一面镜子,只有自己把这面镜子擦拭干净,才能让来访者看到更清楚的自己,减少沾染的情况。

二、权威情结的化解让我能更好地跟领导沟通,让我工作更上一个台阶

在学校工作上了一个台阶后,我也接到了一些出去讲课的任务,到目前为止有各种类型的单位,如幼儿园、小学、初中、高中、职高、大学等,也让我在授课方面有了很大的进步,这方面的转化是由于我的权威情结。我的权威情结来自我的家族,爷爷和父亲

都是较为严格的人,也是控制型的人,连他们的名字都不能随便去说,于是我也很怕老师和领导,以至于工作上都是闷头做,直到我拿到了首届优质课第一名以后,意外发现我竟然可以和领导交流了,工作上也得到了领导的大力支持。后来当了市区两界的兼职心理健康教育教研员,随后又借调到了区未成年人心理健康辅导中心,负责全区的未成年人心理健康辅导工作。

三、核心情结指引我看到并释放自由,让工作和生活更加自由

深海里的鱼,曾经是我的微信名字。因为我在看依恋关系的时候看到自己是一条没有水的鱼,在一次意象过程中看到自己是一条被块冻住的鱼。我是一个不爱喝水的人、我害怕冷,这些让我坚信我就是那条没有水的鱼。梦里经常也经常出现老家的房子,于是我开始执着寻找我的情结,执念于我的原生家庭给我带来的情结。在情结里找情结可能让自己迷失得更快,2018 年在我不知道的情况下老家房子开始翻修,我出生的地方发生了翻天覆地的变化,我受到了深深的伤害,原以为那是可以疗愈的地方,却发现自己受伤更严重。所幸这时候我决定带着孩子和先生回山东婆家过年,我要让自己真正地感受出嫁,从心里把自己嫁出去。去了山东,我没有任何的力气,也不想有任何的应对,却收获了满满的亲情,让我感受到了来自家人的爱。不知道是不是所谓的软泥期,在那的半个月对我来说就是一种疗愈,每天几乎什么事都不做,也不用想。在我心里好像有很多的标准一直在影响我,如果不符合标准就会难受,记得在 2016 年的时候参加了贵州省的首届高中优质课比赛,参赛时特别希望自己能拿到一等奖,结果却得了三等奖,不过也是在那次比赛中认识了对我很重要的陈老师,她给了我无条件的支持和帮助,让我感受到我可以得到的。现在才意识到当时就是在框框套套的限制下我的课显得很生硬,不能融合在一起。后来做了一个梦,梦到自己一直读理科,但是考不上大学,后来决定转文科。在老师和成长小组同学的帮助下,我意识到了我想要走出来,不执念于自己的理性,于是在工作会议上我选择了感性,结果没有了那种焦虑和担心,对于自己的工

作又迈出了重要的一步。

在心理咨询方面，在没有做成长以前，做的其实更大一部分是思想政治工作，在自己的情结不断呈现和看到后，我也有了自己的思路，自己就要做的是一面镜子，通过自我成长这条路让自己这面镜子更加干净，只有这样才能让来访者通过咨访关系呈现出自己的人际交往模式，才能更加领悟到自己困境的原因，从而改变自己的认知。

看完佳桥的故事颇有几分动容，源于自己在做成长过程中体会到的痛苦，执着于自己的成长，敢于直面自己的伤疤，只为"让自己成为自己本来的样子"需要很大的勇气。于是，我又想到了她跟我分享的她在上课时候的两段不同的经历。她自己最后总结的那句正是我想表达的：因为成长，因为反思，她才能应对得更自如、更坦然！我们的专业成长又何尝不是如此？

有一次在课堂上，我给学生们正在津津有味地交流互动，霍然有名学生说："你放屁！"我听到这句话的时候，整个人就觉得很难过，觉得怎么可以说我放屁这样的话呢！然后当时我的行为就是停止下来，说这节课咱不上了，然后我们就把课停止下来了。停止下来以后，对其他同学讲有些不公平，但是我管不了那么多。那个时候我的做法也就这样子，我觉得是那名学生对老师不尊重。很多年后，我又遇到了类似的事情。我在给大家讲肢体语言的时候，有一个动作是一个求婚的动作：单膝下跪，这个时候有名学生就站起来跟我说："那，老师，你来，你来给我下跪呀！"当时我就说："好啊！"因为这个时候，我的心态发生了很大的变化，然后我就对着他做那个动作的时候，同学都吓到了，他就赶紧往后退。后来才知道，其实在课堂上，他的心里面觉得老师是那种不可挑战的存在，但是他好想去挑战一下自己，然后就对我做出那样的行为。但是，我的做法让他很吃惊，所以他才把他真实的那种心理活动表达了出来，而他心理表达一旦出来，正好是我那节课想要达到的效果。这两个变化使我感受到：一个人成长之后，自己心理的重要性。然后再应对这样的类似的事情的时候，你的心态变了，你的行为就会发生变化。

另一个就是咨询方面。刚开始做咨询的时候，因为整个人都比较猛，好像就抱有一个信念或者观念：只要来访者觉得他走的时候是开心的，觉得有所收获的，自己就会觉得这个咨询是成功的，会很开心。后来才意识到，这个时候说明定的咨询目标出现了问题，咨询的目标应该是以来访者的目标为目标，而不是以咨询师的感觉为目标。如果咨询师的感觉最重要的话，对来访者而言，就会偏离他真正的问题和真正的感受，所以当把这块放下的时候，就会发现有学生会直接跟你讲："老师，你的咨询没有效果。"当他可以大胆地讲没有效果的时候，其实重点还在他身上，而不是直接地围绕着你走，但经历过、陪着走，走一段儿时间之后，他才能真正地面对他自己的问题，通过自己的能力才能解决掉他的问题。

这两个例子都让我感受到一个东西，就是一个专业的心理老师，他的心理成长非常重要。因为在课堂上也是一样的，当你的关注重点是在你自己的感受上的话，那你就不在学生那儿，就是没有以学生为本。

故事四：寻找最初的自己——心理教师的成长之路

讲述人：罗艳，中学心理健康教育高级教师，国家二级心理咨询师，家庭教育高级讲师，儿童心理护理师，遵义市第十九中学专职心理老师。从事中学心理健康教育、学生心理咨询15年。熟悉中学生各种常见心理问题并能有效处理，熟悉家庭教育理论方法并能有效指导。在教学上勤奋努力，基本功扎实，曾获区级、市级等多种荣誉。

年少时，我们总想要成稳一些，老练一些，很怕一不小心就被说成轻狂。可作为中学的一名心理老师，你真的没地儿狂，你永远处于边缘地带，现在连音体美都有5分的考核分数，而心理学科连"疗伤"都只能在没人的时候，因为怕有人看见说你不正常。这么多年，我终于正常了，你呢？

初心

"抚平每一颗受伤的心灵",这是初中毕业时闺蜜在我留言本上留下的,简单十个字当时震撼了我,平时只会嬉戏打闹的她在我心中顿时高大上起来,我一下子明白了我的梦想原来一直都在。

2003 年,我作为汇川区首届心理老师进入学校。学了那么多的心理学理论,第一次走进教室,我还真不知心理健康课该怎么上,想去听一节课学习一下都不知去哪儿听,因为真的是"前无古人"。我只得去听不同学科、不同老师的课。还记得幽默风趣的地理老师、声情并茂的语文老师、我听得不知所云的英语老师。我可谓吸众家课堂之精华,杂糅自成一派,全锅端给学生,我迷迷瞪瞪,学生稀里糊涂。

还记得 2003 年 12 月份,教育局就安排我上一堂全区公开课,校长说:"只许成功,不许失败。"其实我根本不知道所谓成功的心理课堂是什么样的。教研室也一遍遍来帮助我听课、磨课。每堂课下来,我更想听的是每一个环节该怎么处理更能调动学生。正式上课时,全区来了 200 多名各专业的老师,走进教室,我的腿肚子都在打颤。随着课程的进行,我被学生渐渐带入佳境,有名孩子在分享他母亲陪伴他成长的辛苦时感动了自己,也感动了我和听课的老师们。那时我第一次感受到了心理课的魅力,可以如此走心,也可以如此动人。课一结束,当时的老书记就迫不及待地对我说:"成功了,成功了。"我好像才有了一点概念,似乎那样的心理课堂是老师和同学们喜欢的课堂,虽然现在看来,那堂课非常稚嫩,但它打开了我探索心理课堂的兴趣。

初恋

随着最初的好奇感消失后,慢慢地,当其他学科都在为中考、高考辛苦忙碌时,心理健康教育在学校却陷入了可有可无的地位,常常本该是我走进教室,却发现语、数、外的老师在上课。渐渐地,我也由最初的生气到习惯到麻木。就这样,我每年在学校的一个个科室打转,政教处、教务处、教科处、财务室,我似乎游走在学校的边缘，最后为了不再流浪，我狠心考了个会计证，工作稳定在了财务室，一做就是 6 年。财务室的工作很多很杂，经常是上课铃声响了，我才从繁杂的数据中抬起头来，拎着课本就去上课，我与我的专业渐行渐远，早已找不到最初的梦想。专业荒废，心也荒芜，我开始陷入无边的黑暗中，找不到方向，找不到支点。记得当时找心理咨询师做了一次咨询，一顿歇斯底里的发泄后，我望着对面的咨询师，有些迷糊，那个位置不是我曾经的梦想吗？我现在在哪儿？回到工作中，我开始参加各种心理课堂的学习，各种心理成长小组，开始不断地烧钱、烧脑，每年自费 2 万多去参加各种培训，意象对话、催眠、NLP、家庭教育讲师、儿童心理护理师……我想找回那个曾经的自己，找回我的初心："抚平每一颗受伤的心灵。"那段时间也是痛苦的，但那是一种明明白白的痛苦，看见即是疗愈，我在不断的看见中疗愈着我自己。以前大师们说要成为一名合格的心理咨询师，先得自我成长，一直不明白为什么要自我成长。一路学习过来，才发现只有把自己弄清楚了，自己在心里重新成长一遍，才能更好地陪伴你的来访者，才能急他之所急，痛他之所痛，才能做到共情、抱持。我在自我成长的途中深深地爱上了心理学这门学科，我喜欢把我的成长心得、我的所学分享给我的学生，看到他们如痴如醉地看着我，听着我的分享，下课久久不让我走，围着我问各种问题，我心里有一中从未有过的满足感与成就感。

有为才有位

2016 年，教育局要在区内选一所学校来建立全区未成年人心理健康辅导中心，基于我校平时的心理健康教育工作做得还不错，于是花落我校，全区第一所未成年人心理健康辅导中心在我校成立。平台有了，工作就忙起来了，我终于从财务工作中脱身出来，专心做心理健康教学以及心理辅导工作。回到专业了，我真的如鱼得水、全身轻松，我把这几年的所学不断地提炼，吸取众家所长用于教学实践中，不断地从理论到实践、从实践到理论。一个年级十几个班，同一个主题我可以上十几遍，修改十几遍，不同水平的学生,我可以有不同的侧重点。近三年,我的教学水平、咨询水平都有了质的飞跃,其实离不开这么多年的积累与实践。学然后知不足,教然后知困,记得学了 NLP《站稳讲台》后,回来站了十几年的讲台真的不敢站了,平时张口就来的理论真的不敢讲了,当然也更明白了自己的需求,尤其是教学工作中的需求。

心理学也是一门有趣有用的学科,既自助,也助人,我不断地把所学用于教学中、咨询中,也不断地把所学带回我的系统中。记得我的第一场家庭教育的讲座,是我主动请求领导、请求班主任让我给他们班的学生家长讲的,还记得当时的忐忑、紧张、担心,还拉了几个朋友来助阵。接着是第一场大型的讲座,有航天中学 300 多名家长参加,当时是为了救场,开始找的讲师临时有事,想想自己也是无所畏惧,说上就上。两个小时的讲座下来,居然反响不错,其中有个认识的家长说,我讲的很多她们都中招了,其中有个练习让她很有感触,也很有收获。她的反馈让我自信陡然提升,于是一发不可停止,从一个班开始,到一个年级、一个学校,到区内的中小学,从学生到家长、到老师。每一次讲座,收获更多的、成长更多的是我,因为通过一堂堂的讲座,我更加了解家长的困惑、学生的需求,我的课堂才变得更精彩,我的咨询才更有用,这或许就是所谓的教学相长吧。

有为才会有位,我从最初的找不到自我,到现在明白自己的追求,从最初的一个小讲台到现在更多更大的讲台。一路走来,我觉得我是幸运的。这样的幸运来自我的努力、我的坚持、我的不放弃,来自我不断的学习,来自我的主动出击,来自我的"无事找事"。我的"位"来自我能把所学用于帮助我的学生、我的家长、我的同事,以至于更多系统内的人。我正走进我的生命状态,做喜欢的事,做对社会有益的事。我真切地感受到作为一个心理老师,我是幸运的,更是幸福的。

"努力、坚持、学习、主动",罗艳老师对自己专业成长的总结让她故事里的样子跃然于我们眼前。生活中接触到的罗老师确实如她自己总结的那般有干劲、够主动,但给我印象深刻的还有一点是她的开朗和热情。可能只有对生活、对人生敞开心扉才能体验到生命历程中更多的精彩吧!

故事五:我与心理学

讲述人:王震涛,遵义四中心理教研组组长、心灵栖所心理辅导中心负责人。国家二级心理咨询师、ACDF生涯规划师(国际认证),毕业于遵义师范学院应用心理学专业,除心理学专业基础知识外,系统学习了意象对话心理咨询与治疗初级班、中级班、两性关系工作坊、生涯教育理念,长期参加个人成长小组。研究方向为精神分析、意象对话、生涯发展,擅长处理学习、情绪、人际交往、个人成长与发展等领域的问题。辅导经验丰富,曾在《贵阳晚报》教育专栏解答心理疑惑,获得各类教学技能大赛的奖项。教育理念:教育就是用一把火点亮另一把火。

我和心理学相伴11年,这11年我越来越了解它,它也带给我越来越多的改变和成长。

结缘心理学

其实,在2008年高考之前,心理学并不在我高考志愿填报的考虑范围之内,毕竟我从未了解过心理学,心理学的相关专业也比较冷门。

可是高考完之后认真思考志愿填报时,心理学还是成了考虑的重要对象。也许这源于高考后有精力去回顾和思考了一下自己的成长经历,经历过的人生变故、感受过的人情冷暖、阅读过的生活故事,这些都让我对人的心理有了一些思考和感触。

走进心理学——大学四年的学习

后来我被应用心理学专业录取,这也是我人生中很幸运的事。

一、想象和实际

在想象中的心理学很有趣、很厉害(类似于看一眼就知道别人内心的想法、能捕捉他人稍纵即逝的表情所代表的含义等),但其实学习起专业理论知识来并非完全如此。虽然有些有趣的心理现象，但是很多知识很无聊。

可是这些无聊的理论知识就像是砖块，虽然看起来不怎么样，却是修建心理学这座宏伟城堡最基本的、最重要的部分，遗憾的是发现这一点有点晚。其实不止我一个人不重视教材上的理论知识，有相当一部分人都认为学校里学的知识和以后的工作实践是两回事，它们之间的联系并不是特别密切，故而不重视理论知识了。

二、课内与课外

由于上述情况，我对于应用心理学各门学科的理论知识都只掌握了一部分。不幸中的万幸是我对教材兴趣不大的同时，我在教师的引领下，开始广泛接触心理学家和哲学家的名著。从弗洛伊德到拉康、从结构主义到后现代主义、从苏格拉底到列维斯特莱斯……虽然不成体系，但是通过广泛涉猎，不但让我对心理学、对于人这个复杂的构成有了更多的认识，也在一定程度上弥补了我对于教材知识掌握的欠缺。

三、考研与就业

可能习惯了中小学时的学习模式——只管当下的学，却很少思考将来的发展。在大学里，对于未来就只有一个模糊的目标——考研，当然也为之准备过、努力过。只是后来结合自己的生活实际，考虑方向转为就业了。

从大三考虑就业开始关注心理学专业就业到大四去学校实习了解学校心理健康教育的需求和工作实际，都指向了一个共同的结论：在观念层面，很多人都认为心理学很重要，但是在实践层面，情况有很大的差异，各行各业招收心理学专业的职位很少。因为看不清前方的路，所以当时对于就业的焦虑感是很强烈的。

压力与发展

巨大的就业压力让我们很多人都很焦虑和彷徨，有的同学选择改变方向，关注就业范围更广，但与应用心理学相关度不高的职业。我却选择沉下心来认真学习之前落下的、没有学好的教材上的基础知识,加强自己的专业理论素养,后来我在毕业前夕很幸运地进入了遵义市最好的高中——遵义四中。

应用心理学——七年的职业生涯

行政—兼职—专职,从工作方式的改变看专业方向发展。

虽然我就职的学校是遵义市最好的高中,但是当时对学生心理健康教育的重视也是欠缺的。我和大部分心理学专业进入教师岗位的人一样,一到岗就被安排在政教处从事行政工作,管理着有关学生纪律、学生活动、学生资助等各项工作,唯独很少有心理健康教育的工作。

这样的工作方式肯定是不利于我自身的专业发展的,也不符合我的职业追求。

于是我多次口头和书面申请和教职工代表大提案的方式向学校领导争取重视学生心理健康教育工作。后来学校领导终于同意将心理健康教育课写入学生课表,开始了心理健康教育常规课,从此我结束了为期一年半(2012年9月—2014年3月)的政教处专职行政工作,进入了教学行政兼职的阶段。

从事学生心理健康教育教学工作后,我深刻地发现心理教师和政教处教师之间的职业角色有很多的冲突:心理教师强调理解、尊重和接纳,政教处老师更强调权威、规则和服从。这样的冲突严重地影响了学生对于心理教师的认知,也严重影响了心理辅导工作。于是作为教研组长的我极力申请心理教师脱离政教处行政工作,成立心理辅导中心,专职于学生心理健康教育工作。

兼职一年半后,我(也包括其他心理老师)进入了专职工作阶段,全心全意投入到学生心理健康教育教学和辅导工作中。

心理教师—心理辅导中心负责人,从职责变化看专业能力成长。

由于我在行政—兼职—专职阶段,积极致力于学校心理健康教育工作和心理健康教师的专业发展,学校领导和组内教师看到并认可了我的努力,于是我成了心理教研组的组长和心理辅导中心的负责人。工作的主要内容除了包括心理健康教育教学、学生心理辅导,还包括心理教研组的整体教学工作和心理辅导中心的全面管理工作。

心理健康教育教学方面:

开设心理健康教育课程,承担了教学任务后才发现,课堂教学才是对教师教学能力水平的重要检测方式。从课前的准备到教学过程再到教学之后的反思,无一不是考验和挑战。

课前教学主题的选定、教学环节的设计、教学素材的准备,课中对教学节奏的把握、对学生思考的引领、对学生生活的体验,课后对教学失误的反省、对教学设计的反思、对教学经验的总结等,都需要教师注入很多的精力和智慧。在心理健康教育没有全国统一的教材的情况下,困难更大,付出更多。

准备教学设计时,我时常会感叹要是当初在大学时更加认真学习教学设计这门课该多好,在与即将走上心理健康教育讲台的大学生们交流时,我也会多费些口舌强调课程教学设计的重要性。

为了更加高效地开展心理健康教育教学工作,作为教研组长我还带领组内教师一起编写心理健康教育校本课程,探索更加适合本校学生实际的教学体系。

心理辅导工作方面:

在未开设心理健康教育课时,学生缺乏对心理健康知识的了解,缺乏对心理教师的认识,并没有多少同学来找教师进行心理辅导。随着心理健康教育课程的开始,学生对于心理问题有了科学的认识,对心理教师有了了解和信任感,学生找教师进行心理辅导的人数越来越多。此外,随着整个社会对于心理的关注程度越来越高,学生对于心理辅导的需求也越来越高。

从最开始值班做辅导少有问津到学生需求心理辅导需要提前预约进行安排,从被动等待学生求助到主动关心学生,每周对学生心理健康状况进行排查。我们建立《遵义四中心灵栖所心理辅导中心咨询记录表》《遵义四中心灵栖所心理辅导中心预约制度》《遵义四中心灵栖所心理辅导中心危机干预制度》《遵义四中心灵栖所心理辅导中心隐私保密制度》《遵义四中心灵栖所心理辅导中心工作制度》《遵义四中心灵栖所心理辅导中心教师伦理守则》等20余项工作制度,我们不断完善工作体系,用制度保障工作效率。

活动方面:

学生活动是心理健康教育教学和心理辅导之间的有机补充,弥补了教学中体验不深和心理辅导涉及学生范围不广的问题。我们从无到有、从由到优,目前每年会举办心理健康文化节、高三趣味运动会,参加全市心理剧大赛,心理社团定期开展各类活动,组织针对教师的亲子教育等系列活动。

在这个过程中,我通过不断地完善教研组和心理辅导中心的工作,使得自己的专业能力得到不断的发展,学校的心理健康教育工作也取得了一定的实效,获得教育部的肯定,我校于2017年被评为国家级心理健康教育特色学校。

校内—校外,从参与面看个人成长。

在职业生涯的前期,我的职业主要与校内工作相关,在工作岗位上不断努力,求真务实,能力得到不断的提升,但是我深知要做好心理健康教育工作需要不断的学习和成长。所以,我在不断争取各级部门的相关公派学习,而且还积极自费参加意象对话初级班、中级班和各类工作坊,发现和解决自己的问题,提高自身专业修养。

通过向大学教师、教育一线同行、省内外名师学习,自己不断成长,自己不仅在市级优质课上获奖,也担任过校级教学大赛评委、市级优质课评委、市级青年教师基本功大赛评委、区级教师招聘面试官;不仅曾在校内层面给教师做培训,也曾在西南大学实习生培训、区级教师培训、市级心理辅导教师培训、心理教师国培贵州班、贵州省心理学年会等各层面上给各类教师做培训或经验交流;不仅在报刊上解答学生及家长的困惑,也在期刊上发表专业论文、参与专业书籍的编写;辅导过学生在市级心理剧大赛中获得一等奖;目前是贵州省心理健康教育种子教师培养项目和遵义市教育系统高端领军人才培养计划成员。

发展规划：

目前心理健康教育工作在全国来讲，并没有普遍受到重视，但是这并不代表心理学专业在学校的需求量不大。随着物质生活的不断发展，人对于物质生活的关注会逐渐转向对精神生活和内心活动的关注，对于学生也如此。另外一方面，随着新高考改革的到来，生涯规划即将成为中小学里面一门急需和非常重要的课程。心理学和生涯规划密不可分的关系决定了在全国范围内开展生涯规划指导的教师绝大部分都是心理教师。

所以，在未来的职业生涯中，一方面我会继续加强自身心理工作的能力，同时发展生涯规划指导的能力。

心理学方面：

不断加强理论知识学习，争取在5年内发展成为市级骨干教师、市级名师工作室主持人、具备评中学心理副高级教师的条件。

生涯规划教育方面：

虽然目前已取得国际青少年生涯辅导师资格证，但是由于大学里未开始系统的课程，所以需要学习的内容还有很多。目前正在开发生涯规划教育校本课程，争取2020年完成编写。

总结

回顾这些年的经历，感触良多，列举部分如下。

大学里的理论知识不仅是自身专业修养的重要组成部分，也对工作实践有很重要的指导意义，所以要好好学习。

在心理健康教育工作的大环境下，工作中确实会存在很多困难。理想的情况是领导很重视，教师工作易出成绩，但是通过自身努力换来成绩，也能得到领导的重视，并由此进入一个良性循环，而且后者更容易锻炼自己。

如果看不清未来，就走好脚下的路。当发展方向不清晰时，千万不要沉溺于焦虑和迷茫之中，脚踏实地，为未来做好准备。

起点很重要，但努力更重要，不管在生活中还是职业发展中，没有一劳永逸的事。

对于王震涛的专业成长，我是目睹了他从职前到职后的全程，因为他是我参加工作带的第一批学生。不知道大家看了他的成长历程心情会不会跟我一样复杂，因为从故事里就可以读到现在的他还存在着很多困扰，如对个人业务素养的困扰。

综合来看，心理健康教育工作对心理教师的能力要求比较高，然而心理教师的学习成长机会却相对较少。少有的培训学习还时常缺乏系统性，怎样才能有效促进心理教师业务能力的提升？心理辅导工作包含个体心理辅导（如心理咨询）、团体心理辅导、校园心理危机干预、家庭教育等方面，每一个方面其实对心理教师的能力要求都比较高。心理教师在实际工作过程中既要注意全面系统，又要注意扎实有效。如何有效做到点和面的有机结合？

教学上：心理健康教育目前在国内不同地域、不同城市的开展情况由于受到各地经济、文化等因素的影响而呈现很大的差异。目前尚未有统一的教材，心理教师在开展心理健康教育教学的过程中，从宏观层面来看缺乏科学的教学体系，从微观层面看缺乏有效的教学素材。很多心理健康教育工作开展比较成熟的地区（如北京和上海）的教材在相对落后的地区（如贵州）并不适用。这些情况使得很多地区的心理健康教育教学的内容都基于教师针对学校情况开发校本课程。校本课程的优点在于其内容更适合本校学生使用，但缺点是由于编制过程中缺乏专家引领，加之教学资源匮乏，校本课程很大程度上依赖于教师的个人经验，有时有点像闭门造车。随着高考改革逐渐在全国范围内实行，越来越多的学校开始重视生涯规划教育，由于生涯规划教育中学生对自我探索的部分也是心理健康教育课程的重要部门，而且心理教师对此有天然的优势，因此目前国内的大部分生涯规划教育的课程都是由心理教师承担的。教学内容从心理健康教育到心理健康与生涯规划相结合的转变，又给心理教师的教学带来了新的挑战。面对这样一些现状，心理教师如何切实保障教学效果？

职称评定上：目前心理健康教育学科教师的职称评审标准和中高考学科一致，而其中部分条件对于心理健康教育学科的教师来讲，完成难度较大。忽视心理健康教育学科的特点，和其他学科一起一刀切是否有利于本学科的教师发展？会不会降低专业教师的专业热情？

师资队伍上：心理健康教育教师队伍特别是专业、专职心理健康教育教师队伍比较薄弱。在很多学校心理教师人数较少，只有一两个，甚至是没有，这样使得心理老师在学校里很难像其他学科一样多人组成教研组，共同开展教学教研工作，缺乏相互帮助、相互学习的机会，难以利用集体的力量来促进个体的发展。

王震涛的困扰可能也是当下许多成长中的心理健康教育教师的集体困扰。于漪老师曾说："教育的力量在于教师的成长，而教师成长的根本在于深刻的内心觉醒。"当我们思考这些问题时，成长也就在进行着了。有学者通过问卷调查总结出教师专业发展的自我心理结构模型。在这个模型中，自我意识是教师专业发展的根本，是前进的力量之源。只要我们有要发展的意思，就一直走在成长的路上。

故事六：多重身份转换后的感思

讲述人：崔晶晶，遵义示范学院应用心理学讲师。

探索的七年

2006 年，我考入西南大学心理学院应用心理学专业。在填报志愿，甚至踏入校门的时候，我都不知道应用心理学到底学什么，毕业以后可以做什么工作。也许这是我们那一代人的常态，花了十几年的时间努力学习，只用了一周决定自己的未来。西南大学的心理学院本科招收两个专业：应用心理学和心理学（师范）。我就读的应用心理学专业包括心理咨询和人力资源管理两个方向，心理咨询方向主要培养从事心理健康工作的人才，人力资源管理方向主要为企事业单位及党政机关培养从事人力资源管理工作的专门人才。由于专业的原因，我在本科阶段几乎没有接受过心理健康教师的专业培养，如教育教学理论课程、教师教育课程、教育教学能力训练等都没有接触过。

本科四年，虽然我一直都不明确自己今后的发展方向，但我一直在潜移默化中训练自己具备一名心理健康老师的素养。课程方面，通过普通心理学等心理学学科基础课程和发展心理学等专业发展必修课程的学习，我掌握了扎实的心理学基本知识。同时，通过团体心理辅导、婚姻家庭治疗、认知疗法、行为疗法、精神分析疗法等专业发展选修课程的学习，我也初步掌握了心理咨询的相关技能。这些学习为我开展团体辅导和个体辅导打下了坚实的基础。实践方面，在大一的时候，我便加入了学院的特色社团"社区援助中心"，主要面对学校学生、中小学学生、社区居民、特殊学校、养老院等开展团体辅导、个体咨询、心理讲座等。我很感谢在社团的实践，让我有机会不断地去摸索如何成为一名合格的心理教育者。不足之处在于，对于讲课、团体辅导、个体辅导方面的正规实操训练太少，很多方法的运用和成长的困惑得不到专业的指导和解答。

大四毕业以后，我选择继续攻读硕士研究生，选择的方向是应用心理学的人力资源管理方向。我当时想，也许我以后可以进企业做一名人力资源管理师。研究生的三年是更加迷茫的三年，因为基础课程的学习已经不多了，更多的是自主学习，做科研、做实践，为未来的职业做好准备，所以我到底要做哪些准备便成了主要议题。为了能增强自己的竞争力，我做了非常多的准备。在"硬实力"方面，我考取了教师资格证、心理咨询师资格证、人力资源管理师资格证，这么多的证书恰恰反映出我内心对于未来毫无准备。其实最让我庆幸的是我在"软实力"方面的提升，我的导师在人力资源培训方面有非常深厚的造诣，因此他给我们提供了非常多的实践机会，服务的对象有国有企业、私有企业、事业单位、政府机关等。一开始，我会承担助教的角色，帮忙准备教具，在耳濡目染中，我了解了一名优秀的培训讲师需要具备的特质；慢慢地，我会试着做一些主持和热身活动的工作，在这个过程中训练自己的胆量；到后来，我可以作为小团体的带领者引导做一些团队的分享，这就需要很强的专业素养和随机应变的能力；到最后，我已经可以独立设计并作为领导者带领一场团体辅导活动了。在这之前，我是一个从来不会主动举手回答问题的学生，被老师点起来发言也会面红耳赤、声音发颤，更别说在讲台上讲演了。但是，通过三年的训练，我不断获得成功的体验，渐渐克服了自己的恐惧，表达越来越流畅、越来越生动，如果不是这些体验，我也许不会选择做一名老师。

成长的两年

研究生毕业时，我依旧在不断探索，陆续投了一些简历，有企业的人力资源、大学辅导员、中学心理健康老师，在各种比较之下，我选择了成都的一所私立学校做专职心理健康老师。当时的面试是走进课程，上一堂40分钟的心理健康教育活动课，这是我有史以来上的第一堂完整的心理课，对学情、课程设计和课堂把控完全没有概念，但是课堂效果还不错，面试官也是我后来的师傅对我的评价是，我觉得你的课堂清新脱俗，教学目标很明确，课程设计层层深入，心理逻辑很强，没有那些表面的花哨和热闹，是真正直击内心的。由此，我成了一名专职心理健康老师，主要负责初中部和高中部的心理健康教育工作。

在中学当心理健康老师的两年是辛苦的两年，也是我成长和蜕变的两年。由于没有接受过系统的心理健康老师的训练，因此一切都得从头开始学习，在实践中摸爬滚打。还好在大学的七年，我掌握了扎实的心理学知识、学习了丰富的心理辅导技能、训练了自己当众讲演的胆识，在进入工作岗位以后，我适应很快。我的工作内容主要是心理健康教育活动课、心理健康讲座、个体咨询、成长性团体辅导、素质拓展、领导力课程等。要成为一名合格的心理健康老师不是那么容易的事情，通过两年的实践，我感思到以下几点。

要研究学生学情。我陆续承担了初一、初二和高一的心理健康活动课和初三、高三的心理健康讲座，也在区级活动中接触了不同学校的学生，我感受到不同学校的学生差异很大，每个年龄段的学生心理特点和需求也各不相同，甚至在同一个学校的同一个年级，每个班级的学生也会有不一样的特点。个体咨询是深入了解学生的一种途径，通过咨询的深入，学生的内心逐渐呈现出来，让我更能理解学生外在表现的深层原因，也让我在不断实践中修正心理健康课程教学的内容，真正贴近他们的需求。不过个体咨询的学生群体毕竟有限，我想如果能有机会担任班主任，那将是深入了解学生的更好方法。

要制订教学计划。心理健康活动课没有全国统一的教学大纲和教材，当然该课程必须根据学生实际情况进行辅导，而不同地域和层次的学校学生差异很大，也很难有统一的教材。但是如果没有规划，同一个年级的课程就没有统一性，不同年级的课程也没有连续性，课程随机性较大，会陷入"讲了上节没下节"的困境。所以，需要通过《心理健康教育指导纲要》，根据本校学生的学情，制订每个年级个性化的学年教学计划。

要力争上优质课。打磨优质课的日子是很艰难的，但是成长也是最快的。选主题、定目标、课程设计、课程打磨，每一步都仔细专研，在十多个班进行试讲并根据课堂反应和同行反馈进行修改，经历了2个多月的不眠夜，每一句话、每一个活动的内容和时间都精心雕琢，终于在学校教学研讨会上成功献课。这个过程让我深刻理解到一堂优质课是如何打磨出来的，而一堂真正优质的课包含了太多的因素。主题符合学生实际、目标制定合理，课程设计紧扣主题、体现"活动"和"体验"的原则，活动实施层层深入、有心理逻辑、教学过程严谨、能达成教学目标，教师语言有感染力、教态亲和，学生反馈较好，有情感和态度的转变。

要编制校本教材。我的师傅在这个岗位已经工作了十年，每一堂课上课前她都会认真备课，经过十年的努力，她打造了非常多的精品课程。在她的带领下，我们整理编写了初一年级和高一年级的校本教材。这是多年教学探索的成果总结，是真正适合本校学生的本土化的心理教材，大大增强了本科目的严谨性，教材的学案也让学生在课程过程中能连续性地记录自己的心理成长过程。

要创新教育方式。课堂是心理健康教育的主阵地，但是我们也需要创新教育的形式，通过更多的方式传播心理健康。每年春季学期，我们都会在初一开展一次大型的素质拓展活动；每年5月，我们会举办为期一个月的心理健康节活动，有心理知识竞赛、团体辅导、心理小报评选、趣味心理测验、心理电影展播等丰富多彩的活动；我们开设了心理剧、心理咨询员、领导力、创新实践力、正念、人际关系辅导等一系列心理选修课，也增强了同学们学习心理健康的兴趣；同时，我们还开设了心理社团，专门培养部分学生成为心理委员，扩大了心理健康工作的覆盖面。

有时候，会听到一些同行抱怨领导不重视心理健康教育，说我们是墙上的一幅画，主要用来应付检查。但我在这所学校的两年真的感受到心理健康工作的扎实和成效，我到现在仍然记得师傅对我说过的一句话：有为才有位！

顿悟的五年

2015年，由于个人生涯发展的原因，我应聘到遵义师范学院应用心理学（师范）专业，成了"准心理健康老师"的老师。慢慢地，我开始指导学生试教，并承担了《中小学心理健康教育课程设计》这门课程。在当一名心理健康老师的时候，我深刻体验到自己在职前接受这方面训练的不足，现在我开始探索要培养一名合格的心理健康老师可以从哪些方面着手。

扎实的心理学专业知识。专业知识在心理健康教育的过程中不直接表现出来，这是冰山下的部分，而正是这个部分的扎实与否，决定了一名心理健康教育者能有多大的发展潜力和上升空间。心理健康教育活动课不讲理论知识，但也绝不仅仅是一堂游戏课，每一个活动一定有它的理论支撑，课程中需要达成的三维目标也一定要来源于专业理论。同时，心理学是研究人的心理现象的科学，扎实的专业知识能让我从理论上对不同阶段的学生的心理特点有一个初步的认识，能让心理健康教育更符合学生实际。

　　牢固的心理学专业技能。这里的专业技能指的是心理咨询的技能和心理研究的能力。在心理健康活动课上，一些转变可以通过融入心理咨询的技能得以实现；在团体辅导和个体辅导中，心理咨询的技能尤为重要；在组织学校心理健康教育的其他活动时，教育方法的多样化也是必备的。准老师在学校期间要熟练掌握认知疗法、行为疗法、人本疗法、精神分析疗法、家庭疗法等其中的一种方法，熟练掌握个体辅导、团体辅导、心理素质拓展、心理情景剧、危机干预等多种心理辅导的方法，且最好能在老师的督导下进行实操练习，这样在面对中小学生的时候，才能用专业的方法帮助他们。成为一名心理健康老师，还要善于通过实证的方式对学生心理进行研究，将教育教学进行提炼总结，用科研促进教育教学。因此，心理测量、心理统计、心理实验等都是促使我们进行心理研究的途径。

　　合格的师范生专业技能。首先，要训练准老师上台讲课的胆识，大多数准老师都很少有站上讲台的经验。我看到我们的准老师在站上讲台后的一些表现，如上台后不知道该站在哪里，经常都是躲在讲桌后面，手也不知道该放在哪里，由于紧张不停地在讲台上走来走去，一说话声音就开始发颤。我认为这需要学生主动地多多练习，不断积累成功的经验，慢慢地就会做到"敢讲"。其次，要训练准老师良好的台风，良好的台风能给人留下较好的第一印象，这种气质和精神面貌也能在无形中影响学生，衣着大方，手势适度，都能为自己加分。再次，由于我们学校地处西南，学生大部分也是来自本省，从小接受的普通话训练较为欠缺，方言较为明显，粉笔字由于缺乏练习也显得不够美观整洁。语言的清晰流畅与富有感染力、文字美观整洁都是需要在职前修炼的。最后，要在真实的课堂中学习课堂的驾驭能力，如何把控时间、如何面对学生的生成性问题、如何根据实际情况随机应变、如何调动学生的积极性和课堂氛围，这一点虽然更多的是在进入岗位后经过较长时间的历练才能显现出成果的，但是在职前依然需要有机会提前适应。

娴熟的教育学基本素养。准老师在学校期间需要训练自己的教育教学基本素养,掌握教育教学的基本规律和理念,熟悉课程和教材,熟练运用教学方法,能设计一堂心理健康教育活动课。准老师和新老师在刚开始学习课程设计的时候有几个方面的问题:一是教学目标过多、过大,一堂课要达成好几个目标,而且目标太空泛,在一堂课里很难达成;二是教学主题的确定较为困难,由于对学生不了解,也没有统一的教材,准老师经常会为了该确定什么主题而头痛;三是教学内容不够贴合学生实际,很难落地,犹如隔靴搔痒,很难让学生真正有所感悟;四是环节间的心理逻辑不强,没有体现环环相扣、层层深入,更像是几个活动的堆砌和拼凑;五是活动的创新性不足,只能运用前人创作的现成的活动,不能根据学生的需求自编更适合学生需求的活动。因此,我们在进行职前教育的时候,应该多引导准老师们进行这些方面的思考和训练。

结语

从 2006 年开始学习心理学,到现在已经 13 个年头,虽然身份发生了多重变化,但是从事这个行业的初心一直没有改变,反而在摸索中逐渐清晰和坚定。从探索到成长、从成长到顿悟,让我深刻地明白,任何一个领域的成功都不是一蹴而就的,坚持、积累、不断学习、不断领悟,这是我们在准老师—新老师—老教师—专家老师这条专业发展之路上所需具备的最重要的条件。

中小学心理教师专业发展环境面临的困窘是确实存在着的,这似乎与当下高度重视国民心理素质是相悖的。优化心理健康教师队伍首先要克服观念上的功利化倾向。叶澜教授就曾指出:社会整体价值取向趋于急功近利,渗透并体现在各个领域,教育也不例外,这是应试教育长盛不衰的根本原因。唯分数论的结果就是心理健康教育的发展举步维艰。另外,中小学心理教师队伍建设保障机制尚未健全,这在一定程度上成为制约心理健康教育工作发展的瓶颈。没有系统的职后培训、没有针对性的支撑评聘办法、没有成熟的考核制度将直接降低心理健康专业教师的职业认同感。

要促进心理健康教育教师个人的专业发展，建立一支高素质的心理健康教师队伍，需要从外在环境因素和内在个人因素共同找原因、给出对策。这既涉及政策、制度、资金的保障，又取决于个人的意愿、特质和经历等。就准心理健康教育教师的专业成长而言，坚定自己的专业信念、努力充实自己的专业知识、在实践中提升自己的专业能力将是自己未来专业发展的永恒主题。按照刘义兵教授等人的观点，随着我国教师专业化发展进程的不断推进和教师专业化发展水平的不断提升，我国教师专业发展的主要内容也随之呈现如下几大趋势：强调专业服务理念、需要进行终身学习、形成高度自治的教师专业组织、追求教师的自我统整发展以及重在教师的内在改变。可见，来自教师自身的内在动力是促进教师自身专业化发展的关键因素。于漪老师说："一辈子做教师，一辈子学做教师。"在教师专业发展的道路上，每个人都需要不断地学习、改变、成长。

附　录

附件 1　中小学心理健康教育指导纲要

（2012 年修订）

中小学心理健康教育是提高中小学生心理素质、促进其身心健康和谐发展的教育，是进一步加强和改进中小学德育工作、全面推进素质教育的重要组成部分。中小学生正处在身心发展的重要时期，随着生理、心理的发育和发展、社会阅历的扩展及思维方式的变化，特别是面对社会竞争的压力，他们在学习、生活、自我意识、情绪调适、人际交往和升学就业等方面，会遇到各种各样的心理困扰或问题。因此，在中小学开展心理健康教育是学生身心健康成长的需要，是全面推进素质教育的必然要求。为深入贯彻党的十八大精神，落实《中共中央国务院关于进一步加强和改进未成年人思想道德建设的若干意见》和《国家中长期教育改革和发展规划纲要（2010—2020 年）》要求，进一步科学地指导和规范中小学心理健康教育工作，在认真总结近些年来全国各地心理健康教育工作经验的基础上制定本纲要。

一、心理健康教育的指导思想和基本原则

开展中小学心理健康教育工作，必须高举中国特色社会主义伟大旗帜，以邓小平理论、"三个代表"重要思想和科学发展观为

指导,学习践行社会主义核心价值体系,贯彻党的教育方针,坚持立德树人、育人为本,注重学生心理和谐健康,加强人文关怀和心理疏导,根据中小学生生理、心理发展特点和规律,把握不同年龄阶段学生的心理发展任务,运用心理健康教育的知识理论和方法技能,培养中小学生良好的心理素质,促进其身心全面和谐发展。

开展中小学心理健康教育,要以学生发展为根本,遵循学生身心发展规律,必须坚持以下基本原则:

——坚持科学性与实效性相结合。要根据学生身心发展的规律和特点及心理健康教育的规律,科学开展心理健康教育,注重心理健康教育的实践性与实效性,切实提高学生心理素质和心理健康水平。

——坚持发展、预防和危机干预相结合。要立足教育和发展,培养学生积极心理品质,挖掘他们的心理潜能,注重预防和解决发展过程中的心理行为问题,在应急和突发事件中及时进行危机干预。

——坚持面向全体学生和关注个别差异相结合。全体教师都要树立心理健康教育意识,尊重学生,平等对待学生,注重教育方式方法,关注个别差异,根据不同学生的特点和需要开展心理健康教育和辅导。

——坚持教师的主导性与学生的主体性相结合。要在教师的教育指导下充分发挥和调动学生的主体性,引导学生积极主动关注自身心理健康,培养学生自主自助维护自身心理健康的意识和能力。

二、心理健康教育的目标与任务

心理健康教育的总目标是:提高全体学生的心理素质,培养他们积极乐观、健康向上的心理品质,充分开发他们的心理潜能,促进学生身心和谐可持续发展,为他们健康成长和幸福生活奠定基础。

心理健康教育的具体目标是：使学生学会学习和生活，正确认识自我，提高自主自助和自我教育能力，增强调控情绪、承受挫折、适应环境的能力，培养学生健全的人格和良好的个性心理品质；对有心理困扰或心理问题的学生，进行科学有效的心理辅导，及时给予必要的危机干预，提高其心理健康水平。

心理健康教育的主要任务是：全面推进素质教育，增强学校德育工作的针对性、实效性和吸引力，开发学生的心理潜能，提高学生的心理健康水平，促进学生形成健康的心理素质，减少和避免各种不利因素对学生心理健康的影响，培养身心健康、具有社会责任感、创新精神和实践能力的德智体美全面发展的社会主义建设者和接班人。

按照"全面推进、突出重点、分类指导、协调发展"的工作方针，不同地区应根据本地实际情况，积极做好心理健康教育工作。

全面推进。要普及、巩固和深化中小学心理健康教育，加快制度建设、课程建设、心理辅导室建设和师资队伍建设，积极拓展心理健康教育渠道，建立学校、家庭和社区心理健康教育网络和协作机制，全面推进中小学心理健康教育科学发展，在学校普遍建立起规范的心理健康教育服务体系，全面提高全体学生的心理素质。

突出重点。地方教育行政部门和学校要利用地方课程或学校课程科学系统地开展心理健康教育；要加强心理辅导室建设，切实发挥心理辅导室在预防和解决学生心理行为问题中的重要作用；加强心理健康教育师资队伍建设，建立一支科学化、专业化、稳定的中小学心理健康教育教师队伍。

分类指导。大中城市和经济发达地区，要在普遍开展心理健康教育工作的基础上，继续推进和深化心理健康教育工作，努力提高质量和成效，率先建立成熟的心理健康教育服务体系；其他地区，要尽快完善心理健康教育工作机制，建立心理健康教育辅导室和稳定的心理健康专业教师队伍，普遍开展心理健康教育工作。

协调发展。坚持公共教育资源和优质教育资源向农村、中西部地区倾斜，逐步缩小东西部、城乡和区域之间中小学心理健康教育的发展差距，以中西部地区和农村地区发展为重点，推动中小学心理健康教育全面、协调发展。按照"城乡结合，以城带乡"的原则，加强城乡中小学心理健康教育的交流与合作，实现心理健康教育全覆盖和城乡均衡化发展。同时，着力提高中小学心理健康教育质量和成效，促进学生的心理素质和德智体美全面协调发展。

三、心理健康教育的主要内容

心理健康教育的主要内容包括：普及心理健康知识，树立心理健康意识，了解心理调节方法，认识心理异常现象，掌握心理保健常识和技能。其重点是认识自我、学会学习、人际交往、情绪调适、升学择业以及生活和社会适应等方面的内容。

心理健康教育应从不同地区的实际和不同年龄阶段学生的身心发展特点出发，做到循序渐进，设置分阶段的具体教育内容。

小学低年级主要包括：帮助学生认识班级、学校、日常学习生活环境和基本规则；初步感受学习知识的乐趣，重点是学习习惯的培养与训练；培养学生礼貌友好的交往品质，乐于与老师、同学交往，在谦让、友善的交往中感受友情；使学生有安全感和归属感，初步学会自我控制；帮助学生适应新环境、新集体和新的学习生活，树立纪律意识、时间意识和规则意识。

小学中年级主要包括：帮助学生了解自我，认识自我；初步培养学生的学习能力，激发学习兴趣和探究精神，树立自信，乐于学习；树立集体意识，善于与同学、老师交往，培养自主参与各种活动的能力，以及开朗、合群、自立的健康人格；引导学生在学习生活中感受解决困难的快乐，学会体验情绪并表达自己的情绪；帮助学生建立正确的角色意识，培养学生对不同社会角色的适应；增强时间管理意识，帮助学生正确处理学习与兴趣、娱乐之间的矛盾。

小学高年级主要包括：帮助学生正确认识自己的优缺点和兴趣爱好，在各种活动中悦纳自己；着力培养学生的学习兴趣和学习能力，端正学习动机，调整学习心态，正确对待成绩，体验学习成功的乐趣；开展初步的青春期教育，引导学生进行恰当的异性交往，建立和维持良好的异性同伴关系，扩大人际交往的范围；帮助学生克服学习困难，正确面对厌学等负面情绪，学会恰当地、正确地体验情绪和表达情绪；积极促进学生的亲社会行为，逐步认识自己与社会、国家和世界的关系；培养学生分析问题和解决问题的能力，为初中阶段学习生活做好准备。

初中年级主要包括：帮助学生加强自我认识，客观地评价自己，认识青春期的生理特征和心理特征；适应中学阶段的学习环境和学习要求，培养正确的学习观念，发展学习能力，改善学习方法，提高学习效率；积极与老师及父母进行沟通，把握与异性交往的尺度，建立良好的人际关系；鼓励学生进行积极的情绪体验与表达，并对自己的情绪进行有效管理，正确处理厌学心理，抑制冲动行为；把握升学选择的方向，培养职业规划意识，树立早期职业发展目标；逐步适应生活和社会的各种变化，着重培养应对失败和挫折的能力。

高中年级主要包括：帮助学生确立正确的自我意识，树立人生理想和信念，形成正确的世界观、人生观和价值观；培养创新精神和创新能力，掌握学习策略，开发学习潜能，提高学习效率，积极应对考试压力，克服考试焦虑；正确认识自己的人际关系状况，培养人际沟通能力，促进人际间的积极情感反应和体验，正确对待和异性同伴的交往，知道友谊和爱情的界限；帮助学生进一步提高承受失败和应对挫折的能力，形成良好的意志品质；在充分了解自己的兴趣、能力、性格、特长和社会需要的基础上，确立自己的职业志向，培养职业道德意识，进行升学就业的选择和准备，培养担当意识和社会责任感。

四、心理健康教育的途径和方法

学校应将心理健康教育始终贯穿于教育教学全过程。全体教师都应自觉地在各学科教学中遵循心理健康教育的规律,将适合学生特点的心理健康教育内容有机渗透到日常教育教学活动中。要注重发挥教师人格魅力和为人师表的作用,建立起民主、平等、相互尊重的师生关系。要将心理健康教育与班主任工作、班团队活动、校园文体活动、社会实践活动等有机结合,充分利用网络等现代信息技术手段,多种途径开展心理健康教育。

开展心理健康专题教育。专题教育可利用地方课程或学校课程开设心理健康教育课。心理健康教育课应以活动为主,可以采取多种形式,包括团体辅导、心理训练、问题辨析、情境设计、角色扮演、游戏辅导、心理情景剧、专题讲座等。心理健康教育要防止学科化的倾向,避免将其作为心理学知识的普及和心理学理论的教育,要注重引导学生心理、人格积极健康发展,最大限度地预防学生发展过程中可能出现的心理行为问题。

建立心理辅导室。心理辅导室是心理健康教育教师开展个别辅导和团体辅导,指导与帮助学生解决在学习、生活和成长中出现的问题,排解心理困扰的专门场所,是学校开展心理健康教育的重要阵地。在心理辅导过程中,教师要树立危机干预意识,对个别有严重心理疾病的学生,能够及时识别并转介到相关心理诊治部门。教育部将对心理辅导室建设的基本标准和规范做出统一规定。

心理辅导是一项科学性、专业性很强的工作,心理健康教育教师应遵循心理发展和教育规律,向学生提供发展性心理辅导和帮助。开展心理辅导必须遵守职业伦理规范,在学生知情自愿的基础上进行,严格遵循保密原则,保护学生隐私,谨慎使用心理测试量表或其他测试手段,不能强迫学生接受心理测试,禁止使用可能损害学生心理健康的仪器,要防止心理健康教育医学化的倾向。

密切联系家长共同实施心理健康教育。学校要帮助家长树立正确的教育观念,了解和掌握孩子成长的特点、规律以及心理健康教育的方法,加强亲子沟通,注重自身良好心理素质的养成,以积极、健康、和谐的家庭环境影响孩子。同时,学校要为家长提供促进孩子发展的指导意见,协助他们共同解决孩子在发展过程中的心理行为问题。

充分利用校外教育资源开展心理健康教育。学校要加强与基层群众性自治组织、企事业单位、社会团体、公共文化机构、街道社区以及青少年校外活动场所等的联系和合作,组织开展各种有益于中小学生身心健康的文体娱乐活动和心理素质拓展活动,拓宽心理健康教育的途径。

五、心理健康教育的组织实施

加强对中小学心理健康教育工作的领导和管理。各级教育行政部门要切实加强对心理健康教育工作的领导,制定规章制度,明确责任部门和负责人,支持和指导中小学开展心理健康教育工作。各地和学校要通过多种途径和方式,结合教育教学实际,保证心理健康教育时间,课时可在地方课程或学校课程中安排。各级教育行政部门要将心理健康教育工作列入年度工作计划,纳入学校督导评估指标体系之中,教育督导部门应定期开展心理健康教育专项督导检查。教育部将适时开展中小学心理健康教育示范校创建活动。

加强心理健康教育教师队伍建设。心理健康教育是一项专业性很强的工作,必须大力加强专业教师队伍建设。各地各校要制订规划,逐步配齐心理健康教育专职教师,专职教师原则上须具备心理学或相关专业本科学历。每所学校至少配备一名专职或兼职心理健康教育教师,并逐步增大专职人员配比,其编制从学校总编制中统筹解决。地方教育行政部门要健全中小学心理健康教育教师职务（职称）评聘办法，制订相应的专业技术职务（职称）评价标准，落实好心理健康教育教师职务（职称）评聘工作。心理健康教育教师享受班主任同等待遇。

大力开展心理健康教育教师培训。教育部将组织专家制订教师培训课程标准，分期分批对中小学心理健康教育教研员和骨干教师进行国家级培训。各省级教育行政部门要将心理健康教育教师培训纳入教师培训计划，分期分批对区域内心理健康教育教师进行轮训，切实提高专、兼职心理健康教育教师的基本理论、专业知识和操作技能水平。要在中小学校长、班主任和其他学科教师等各类培训中增加心理健康教育的培训内容，建立分层分类的培训体系。

要重视教师的心理健康教育工作。各级教育行政部门和学校要关心教师的工作、学习和生活，从实际出发，采取切实可行的措施，减轻教师的精神紧张和心理压力。要把教师心理健康教育作为教师教育和教师专业发展的重要方面，为教师学习心理健康教育知识提供必要的条件，使他们学会心理调适，增强应对能力，有效地提高其心理健康水平和开展心理健康教育的能力。

加强心理健康教育材料的管理。各种有关心理健康教育的教育材料的编写、审查和选用要根据本指导纲要的统一要求进行。自2013年春季开学起，凡进入中小学的心理健康教育材料必须经省级以上教育行政部门组织专家审定后方可使用。

加强心理健康教育的科学研究。各级教育行政部门要加强指导，增加经费投入，将心理健康教育纳入教育科学研究规划，积极组织相关课题申报和优秀成果评选。要积极引导高等学校、科研机构的研究人员开展相关研究，为心理健康教育实践提供理论基础和科学依据。要建立中小学心理健康教育教研制度，各级教研机构应配备心理健康教育教研员。要坚持理论与实践相结合，组织专家学者、教研人员、一线教师和学校管理人员结合实际情况积极开展心理健康教育教学研究,在实践中丰富完善心理健康教育理论,不断提高心理健康教育科学化水平。

附件 2　中学教师专业标准（试行）

　　为促进中学教师专业发展，建设高素质中学教师队伍，根据《中华人民共和国教师法》和《中华人民共和国义务教育法》，特制定《中学教师专业标准（试行）》（以下简称《专业标准》）。

　　中学教师是履行中学教育教学工作职责的专业人员，需要经过严格的培养与培训，具有良好的职业道德，掌握系统的专业知识和专业技能。《专业标准》是国家对合格中学教师的基本专业要求，是中学教师实施教育教学行为的基本规范，是引领中学教师专业发展的基本准则，是中学教师培养、准入、培训、考核等工作的重要依据。

一、基本理念

（一）师德为先

　　热爱中学教育事业，具有职业理想，践行社会主义核心价值体系，履行教师职业道德规范，依法执教。关爱中学生，尊重中学生人格，富有爱心、责任心、耐心和细心；为人师表，教书育人，自尊自律，以人格魅力和学识魅力教育感染中学生，做中学生健康成长的指导者和引路人。

（二）学生为本

　　尊重中学生权益，以中学生为主体，充分调动和发挥中学生的主动性；遵循中学生身心发展特点和教育教学规律，提供适合的教育，促进中学生生动活泼学习、健康快乐成长，全面而有个性地发展。

（三）能力为重

把学科知识、教育理论与教育实践有机结合，突出教书育人实践能力；研究中学生，遵循中学生成长规律，提升教育教学专业化水平；坚持实践、反思、再实践、再反思，不断提高专业能力。

（四）终身学习

学习先进中学教育理论，了解国内外中学教育改革与发展的经验和做法；优化知识结构，提高文化素养；具有终身学习与持续发展的意识和能力，做终身学习的典范。

二、基本内容

维度	领域	基本要求
专业理念与师德	（一）职业理解与认识	1. 贯彻党和国家教育方针政策，遵守教育法律法规。 2. 理解中学教育工作的意义，热爱中学教育事业，具有职业理想和敬业精神。 3. 认同中学教师的专业性和独特性，注重自身专业发展。 4. 具有良好职业道德修养，为人师表。 5. 具有团队合作精神，积极开展协作与交流。
	（二）对学生的态度与行为	6. 关爱中学生，重视中学生身心健康发展，保护中学生生命安全。 7. 尊重中学生独立人格，维护中学生合法权益，平等对待每一位中学生。不讽刺、挖苦、歧视中学生，不体罚或变相体罚中学生。 8. 尊重个体差异，主动了解和满足中学生的不同需要。 9. 信任中学生，积极创造条件，促进中学生的自主发展。
	（三）教育教学的态度与行为	10. 树立育人为本、德育为先的理念，将中学生的知识学习、能力发展与品德养成相结合，重视中学生的全面发展。 11. 尊重教育规律和中学生身心发展规律，为每一位中学生提供适合的教育。 12. 激发中学生的求知欲和好奇心，培养中学生学习兴趣和爱好，营造自由探索、勇于创新的氛围。 13. 引导中学生自主学习、自强自立，培养良好的思维习惯和适应社会的能力。 14. 尊重和发挥好共青团、少先队组织的教育引导作用。

续表

维度	领域	基本要求
专业知识	(四)个人修养与行为	15. 富有爱心、责任心、耐心和细心。 16. 乐观向上、热情开朗、有亲和力。 17. 善于自我调节情绪,保持平和心态。 18. 勤于学习,不断进取。 19. 衣着整洁得体,语言规范健康,举止文明礼貌。
	(五)教育知识	20. 掌握中学教育的基本原理和主要方法。 21. 掌握班级、共青团、少先队建设与管理的原则与方法。 22. 掌握教育心理学的基本原理和方法,了解中学生身心发展的一般规律与特点。 23. 了解中学生世界观、人生观、价值观形成的过程及其教育方法。 24. 了解中学生思维能力、创新能力和实践能力发展的过程与特点。 25. 了解中学生群体文化特点与行为方式。
	(六)学科知识	26. 理解所教学科的知识体系、基本思想与方法。 27. 掌握所教学科内容的基本知识、基本原理与技能。 28. 了解所教学科与其他学科的联系。 29. 了解所教学科与社会实践及共青团、少先队活动的联系。
	(七)学科教学知识	30. 掌握所教学科课程标准。 31. 掌握所教学科课程资源开发与校本课程开发的主要方法与策略。 32. 了解中学生在学习具体学科内容时的认知特点。 33. 掌握针对具体学科内容进行教学和研究性学习的方法与策略。
	(八)通识性知识	34. 具有相应的自然科学和人文社会科学知识。 35. 了解中国教育基本情况。 36. 具有相应的艺术欣赏与表现知识。 37. 具有适应教育内容、教学手段和方法现代化的信息技术知识。
专业能力	(九)教学设计	38. 科学设计教学目标和教学计划。 39. 合理利用教学资源和方法设计教学过程。 40. 引导和帮助中学生设计个性化的学习计划。
	(十)教学实施	41. 营造良好的学习环境与氛围,激发与保护中学生的学习兴趣。 42. 通过启发式、探究式、讨论式、参与式等多种方式,有效实施教学。 43. 有效调控教学过程,合理处理课堂偶发事件。 44. 引发中学生独立思考和主动探究,发展学生创新能力。 45. 发挥好共青团、少先队组织生活、集体活动、信息传播等教育功能。 46. 将现代教育技术手段整合应用到教学中。

维度	领域	基本要求
专业能力	（十一）班级管理与教育活动	47.建立良好的师生关系,帮助中学生建立良好的同伴关系。 48.注重结合学科教学进行育人活动。 49.根据中学生世界观、人生观、价值观形成的特点,有针对性地组织开展德育活动。 50.针对中学生青春期生理和心理发展特点,有针对性地组织开展有益身心健康发展的教育活动。 51.指导学生理想、心理、学业等多方面发展。 52.有效管理和开展班级、共青团、少先队活动。 53.妥善应对突发事件。
	（十二）教育教学评价	54.利用评价工具,掌握多元评价方法,多视角、全过程评价学生发展。 55.引导学生进行自我评价。 56.自我评价教育教学效果,及时调整和改进教育教学工作。
	（十三）沟通与合作	57.了解中学生,平等地与中学生进行沟通交流。 58.与同事合作交流,分享经验和资源,共同发展。 59.与家长进行有效沟通合作,共同促进中学生发展。 60.协助中学与社区建立合作互助的良好关系。
	（十四）反思与发展	61.主动收集分析相关信息,不断进行反思,改进教育教学工作。 62.针对教育教学工作中的现实需要与问题,进行探索和研究。 63.制定专业发展规划,积极参加专业培训,不断提高自身专业素质。

三、实施建议

各级教育行政部门要将《专业标准》作为中学教师队伍建设的基本依据。根据中学教育改革发展的需要,充分发挥《专业标准》引领和导向作用,深化教师教育改革,建立教师教育质量保障体系,不断提高中学教师培养培训质量。制定中学教师准入标准,严把中学教师入口关;制定中学教师聘任(聘用)、考核、退出等管理制度,保障教师合法权益,形成科学有效的中学教师队伍管理和督导机制。

开展中学教师教育的院校要将《专业标准》作为中学教师培

养培训的主要依据。重视中学教师职业特点,加强中学教育学科和专业建设。完善中学教师培养培训方案,科学设置教师教育课程,改革教育教学方式;重视中学教师职业道德教育,重视社会实践和教育实习;加强从事中学教师教育的师资队伍建设,建立科学的质量评价制度。

中学要将《专业标准》作为教师管理的重要依据。制定中学教师专业发展规划,注重教师职业理想与职业道德教育,增强教师育人的责任感与使命感;开展校本研修,促进教师专业发展;完善教师岗位职责和考核评价制度,健全中学教师绩效管理机制。中等职业学校教师参照执行。

中学教师要将《专业标准》作为自身专业发展的基本依据。制定自我专业发展规划,爱岗敬业,增强专业发展自觉性;大胆开展教育教学实践,不断创新;积极进行自我评价,主动参加教师培训和自主研修,逐步提升专业发展水平。

附件 3 中华人民共和国精神卫生法（2018 年修正）

法律修订

2012 年 10 月 26 日主席令第 62 号公布

根据 2018 年 4 月 27 日中华人民共和国主席令第六号《全国人大常委会关于修改〈中华人民共和国国境卫生检疫法〉等六部法律的决定》修改

正文

第一章　总　则

第一条

为了发展精神卫生事业,规范精神卫生服务,维护精神障碍患者的合法权益,制定本法。

第二条

在中华人民共和国境内开展维护和增进公民心理健康、预防和治疗精神障碍、促进精神障碍患者康复的活动,适用本法。

第三条

精神卫生工作实行预防为主的方针,坚持预防、治疗和康复相结合的原则。

第四条

精神障碍患者的人格尊严、人身和财产安全不受侵犯。精神障碍患者的教育、劳动、医疗以及从国家和社会获得物质帮助等方面的合法权益受法律保护。有关单位和个人应当对精神障碍患者的姓名、肖像、住址、工作单位、病历资料以及其他可能推断出其身份的信息予以保密;但是,依法履行职责需要公开的除外。

第五条

全社会应当尊重、理解、关爱精神障碍患者。任何组织或者个人不得歧视、侮辱、虐待精神障碍患者,不得非法限制精神障患者的人身自由。新闻报道和文学艺术作品等不得含有歧视、侮辱精神障碍患者的内容。

第六条

精神卫生工作实行政府组织领导、部门各负其责、家庭和单位尽力尽责、全社会共同参与的综合管理机制。

第七条

县级以上人民政府领导精神卫生工作,将其纳入国民经济和社会发展规划,建设和完善精神障碍的预防、治疗和康复服务体系,建立健全精神卫生工作协调机制和工作责任制,对有关部门承担的精神卫生工作进行考核、监督。乡镇人民政府和街道办事处根据本地区的实际情况,组织开展预防精神障碍发生、促进精神障碍患者康复等工作。

第八条

国务院卫生行政部门主管全国的精神卫生工作。县级以上地方人民政府卫生行政部门主管本行政区域的精神卫生工作。县级以上人民政府司法行政、民政、公安、教育、医疗保障等部门在各自职责范围内负责有关的精神卫生工作。

第九条

精神障碍患者的监护人应当履行监护职责,维护精神障碍患者的合法权益。禁止对精神障碍患者实施家庭暴力,禁止遗弃精神障碍患者。

第十条

中国残疾人联合会及其地方组织依照法律、法规或者接受政府委托,动员社会力量,开展精神卫生工作。村民委员会、居民委员会依照本法的规定开展精神卫生工作,并对所在地人民政府开展的精神卫生工作予以协助。国家鼓励和支持工会、共产主义青年团、妇女联合会、红十字会、科学技术协会等团体依法开展精神卫生工作。

第十一条

国家鼓励和支持开展精神卫生专门人才的培养,维护精神卫生工作人员的合法权益,加强精神卫生专业队伍建设。国家鼓励和支持开展精神卫生科学技术研究,发展现代医学、我国传统医学、心理学,提高精神障碍预防、诊断、治疗、康复的科学技术水平。国家鼓励和支持开展精神卫生领域的国际交流与合作。

第十二条

各级人民政府和县级以上人民政府有关部门应当采取措施,鼓励和支持组织、个人提供精神卫生志愿服务,捐助精神卫生事业,兴建精神卫生公益设施。对在精神卫生工作中作出突出贡献的组织、个人,按照国家有关规定给予表彰、奖励。

第二章　心理健康促进和精神障碍预防

第十三条

各级人民政府和县级以上人民政府有关部门应当采取措施,加强心理健康促进和精神障碍预防工作,提高公众心理健康水平。

第十四条

各级人民政府和县级以上人民政府有关部门制定的突发事件应急预案,应当包括心理援助的内容。发生突发事件,履行统一领导职责或者组织处置突发事件的人民政府应当根据突发事件的具体情况,按照应急预案的规定,组织开展心理援助工作。

第十五条

用人单位应当创造有益于职工身心健康的工作环境,关注职工的心理健康;对处于职业发展特定时期或者在特殊岗位工作的职工,应当有针对性地开展心理健康教育。

第十六条

各级各类学校应当对学生进行精神卫生知识教育;配备或者聘请心理健康教育教师、辅导人员,并可以设立心理健康辅导室,对学生进行心理健康教育。学前教育机构应当对幼儿开展符合其特点的心理健康教育。发生自然灾害、意外伤害、公共安全事件等可能影响学生心理健康的事件,学校应当及时组织专业人员对学生进行心理援助。教师应当学习和了解相关的精神卫生知识,关注学生心理健康状况,正确引导、激励学生。地方各级人民政府教育行政部门和学校应当重视教师心理健康。学校和教师应当与学生父母或者其他监护人、近亲属沟通学生心理健康情况。

第十七条

医务人员开展疾病诊疗服务,应当按照诊断标准和治疗规范的要求,对就诊者进行心理健康指导;发现就诊者可能患有精神障碍的,应当建议其到符合本法规定的医疗机构就诊。

第十八条

监狱、看守所、拘留所、强制隔离戒毒所等场所,应当对服刑人员,被依法拘留、逮捕、强制隔离戒毒的人员等,开展精神卫生知识宣传,关注其心理健康状况,必要时提供心理咨询和心理辅导。

第十九条

县级以上地方人民政府人力资源社会保障、教育、卫生、司法行政、公安等部门应当在各自职责范围内分别对本法第十五条至第十八条规定的单位履行精神障碍预防义务的情况进行督促和指导。

第二十条

村民委员会、居民委员会应当协助所在地人民政府及其有关部门开展社区心理健康指导、精神卫生知识宣传教育活动,创建有益于居民身心健康的社区环境。乡镇卫生院或者社区卫生服务机构应当为村民委员会、居民委员会开展社区心理健康指导、精神卫生知识宣传教育活动提供技术指导。

第二十一条

家庭成员之间应当相互关爱,创造良好、和睦的家庭环境,提高精神障碍预防意识;发现家庭成员可能患有精神障碍的,应当帮助其及时就诊,照顾其生活,做好看护管理。

第二十二条

国家鼓励和支持新闻媒体、社会组织开展精神卫生的公益性宣传,普及精神卫生知识,引导公众关注心理健康,预防精神障碍的发生。

第二十三条

心理咨询人员应当提高业务素质,遵守执业规范,为社会公众提供专业化的心理咨询服务。心理咨询人员不得从事心理治疗或者精神障碍的诊断、治疗。心理咨询人员发现接受咨询的人员可能患有精神障碍的,应当建议其到符合本法规定的医疗机构就诊。心理咨询人员应当尊重接受咨询人员的隐私,并为其保守秘密。

第二十四条

国务院卫生行政部门建立精神卫生监测网络,实行严重精神障碍发病报告制度,组织开展精神障碍发生状况、发展趋势等的监测和专题调查工作。精神卫生监测和严重精神障碍发病报告管理办法,由国务院卫生行政部门制定。国务院卫生行政部门应当会同有关部门、组织,建立精神卫生工作信息共享机制,实现信息互联互通、交流共享。

第三章　精神障碍的诊断和治疗

第二十五条

开展精神障碍诊断、治疗活动,应当具备下列条件,并依照医疗机构的管理规定办理有关手续:(1)有与从事的精神障碍诊断、治疗相适应的精神科执业医师、护士;(2)有满足开展精神障碍诊断、治疗需要的设施和设备;(3)有完善的精神障碍诊断、治疗管理制度和质量监控制度。从事精神障碍诊断、治疗的专科医疗机构还应当配备从事心理治疗的人员。

第二十六条

精神障碍的诊断、治疗,应当遵循维护患者合法权益、尊重患者人格尊严的原则,保障患者在现有条件下获得良好的精神卫生服务。精神障碍分类、诊断标准和治疗规范,由国务院卫生行政部门组织制定。

第二十七条

精神障碍的诊断应当以精神健康状况为依据。除法律另有规定外,不得违背本人意志进行确定其是否患有精神障碍的医学检查。

第二十八条

除个人自行到医疗机构进行精神障碍诊断外,疑似精神障碍患者的近亲属可以将其送往医疗机构进行精神障碍诊断。对查找不到近亲属的流浪乞讨疑似精神障碍患者,由当地民政等有关部门按照职责分工,帮助送往医疗机构进行精神障碍诊断。疑似精神障碍患者发生伤害自身、危害他人安全的行为,或者有伤害自身、危害他人安全的危险的,其近亲属、所在单位、当地公安机关应当立即采取措施予以制止,并将其送往医疗机构进行精神障碍诊断。医疗机构接到送诊的疑似精神障碍患者,不得拒绝为其作出诊断。

第二十九条

精神障碍的诊断应当由精神科执业医师作出。医疗机构接到依照本法第二十八条第二款规定送诊的疑似精神障碍患者,应当将其留院,立即指派精神科执业医师进行诊断,并及时出具诊断结论。

第三十条

精神障碍的住院治疗实行自愿原则。诊断结论、病情评估表明,就诊者为严重精神障碍患者并有下列情形之一的,应当对其实施住院治疗:(1)已经发生伤害自身的行为,或者有伤害自身的危险的;(2)已经发生危害他人安全的行为,或者有危害他人安全的危险的。

第三十一条

精神障碍患者有本法第三十条第二款第一项情形的,经其监护人同意,医疗机构应当对患者实施住院治疗;监护人不同意的,医疗机构不得对患者实施住院治疗。监护人应当对在家居住的患者做好看护管理。

第三十二条

精神障碍患者有本法第三十条第二款第二项情形,患者或者其监护人对需要住院治疗的诊断结论有异议,不同意对患者实施住院治疗的,可以要求再次诊断和鉴定。依照前款规定要求再次诊断的,应当自收到诊断结论之日起三日内向原医疗机构或者其他具有合法资质的医疗机构提出。承担再次诊断的医疗机构应当在接到再次诊断要求后指派二名初次诊断医师以外的精神科执业医师进行再次诊断,并及时出具再次诊断结论。承担再次诊断的执业医师应当到收治患者的医疗机构面见、询问患者,该医疗机构应当予以配合。对再次诊断结论有异议的,可以自主委托依法取得执业资质的鉴定机构进行精神障碍医学鉴定;医疗机构应当公示经公告的鉴定机构名单和联系方式。接受委托的鉴定机构应当指定本机构具有该鉴定事项执业资格的二名以上鉴定人共同进行鉴定,并及时出具鉴定报告。

第三十三条

鉴定人应当到收治精神障碍患者的医疗机构面见、询问患者,该医疗机构应当予以配合。鉴定人本人或者其近亲属与鉴定事项有利害关系,可能影响其独立、客观、公正进行鉴定的,应当回避。

第三十四条

鉴定机构、鉴定人应当遵守有关法律、法规、规章的规定,尊重科学,恪守职业道德,按照精神障碍鉴定的实施程序、技术方法和操作规范,依法独立进行鉴定,出具客观、公正的鉴定报告。鉴定人应当对鉴定过程进行实时记录并签名。记录的内容应当真实、客观、准确、完整,记录的文本或者声像载体应当妥善保存。

第三十五条

再次诊断结论或者鉴定报告表明,不能确定就诊者为严重精神障碍患者,或者患者不需要住院治疗的,医疗机构不得对其实施住院治疗。再次诊断结论或者鉴定报告表明,精神障碍患者有本法第三十条第二款第二项情形的,其监护人应当同意对患者实施住院治疗。监护人阻碍实施住院治疗或者患者擅自脱离住院治疗的,可以由公安机关协助医疗机构采取措施对患者实施住院治疗。在相关机构出具再次诊断结论、鉴定报告前,收治精神障碍患者的医疗机构应当按照诊疗规范的要求对患者实施住院治疗。

第三十六条

诊断结论表明需要住院治疗的精神障碍患者,本人没有能力办理住院手续的,由其监护人办理住院手续;患者属于查找不到监护人的流浪乞讨人员的,由送诊的有关部门办理住院手续。精神障碍患者有本法第三十条第二款第二项情形,其监护人不办理住院手续的,由患者所在单位、村民委员会或者居民委员会办理住院手续,并由医疗机构在患者病历中予以记录。

第三十七条

医疗机构及其医务人员应当将精神障碍患者在诊断、治疗过程中享有的权利,告知患者或者其监护人。

第三十八条

医疗机构应当配备适宜的设施、设备,保护就诊和住院治疗的精神障碍患者的人身安全,防止其受到伤害,并为住院患者创造尽可能接近正常生活的环境和条件。

第三十九条

医疗机构及其医务人员应当遵循精神障碍诊断标准和治疗规范,制定治疗方案,并向精神障碍患者或者其监护人告知治疗方案和治疗方法、目的以及可能产生的后果。

第四十条

精神障碍患者在医疗机构内发生或者将要发生伤害自身、危害他人安全、扰乱医疗秩序的行为,医疗机构及其医务人员在没有其他可替代措施的情况下,可以实施约束、隔离等保护性医疗措施。实施保护性医疗措施应当遵循诊断标准和治疗规范,并在实施后告知患者的监护人。禁止利用约束、隔离等保护性医疗措施惩罚精神障碍患者。

第四十一条

对精神障碍患者使用药物,应当以诊断和治疗为目的,使用安全、有效的药物,不得为诊断或者治疗以外的目的使用药物。医疗机构不得强迫精神障碍患者从事生产劳动。

第四十二条

禁止对依照本法第三十条第二款规定实施住院治疗的精神障碍患者实施以治疗精神障碍为目的的外科手术。

第四十三条

医疗机构对精神障碍患者实施下列治疗措施,应当向患者或者其监护人告知医疗风险、替代医疗方案等情况,并取得患者的书面同意;无法取得患者意见的,应当取得其监护人的书面同意,并经本医疗机构伦理委员会批准:(1)导致人体器官丧失功能的外科手术;(2)与精神障碍治疗有关的实验性临床医疗。实施前款第一项治疗措施,因情况紧急查找不到监护人的,应当取得本医疗机构负责人和伦理委员会批准。禁止对精神障碍患者实施与治疗其精神障碍无关的实验性临床医疗。

第四十四条

自愿住院治疗的精神障碍患者可以随时要求出院,医疗机构应当同意。对有本法第三十条第二款第一项情形的精神障碍患者实施住院治疗的,监护人可以随时要求患者出院,医疗机构应当同意。医疗机构认为前两款规定的精神障碍患者不宜出院的,应当告知不宜出院的理由;患者或者其监护人仍要求出院的,执业医师应当在病历资料中详细记录告知的过程,同时提出出院后的医学建议,患者或者其监护人应当签字确认。对有本法第三十条第二款第二项情形的精神障碍患者实施住院治疗,医疗机构认为患者可以出院的,应当立即告知患者及其监护人。医疗机构应当根据精神障碍患者病情,及时组织精神科执业医师对依照本法第三十条第二款规定实施住院治疗的患者进行检查评估。评估结果表明患者不需要继续住院治疗的,医疗机构应当立即通知患者及其监护人。

第四十五条

精神障碍患者出院,本人没有能力办理出院手续的,监护人应当为其办理出院手续。

第四十六条

医疗机构及其医务人员应当尊重住院精神障碍患者的通讯和会见探访者等权利。除在急性发病期或者为了避免妨碍治疗可以暂时性限制外，不得限制患者的通讯和会见探访者等权利。

第四十七条

医疗机构及其医务人员应当在病历资料中如实记录精神障碍患者的病情、治疗措施、用药情况、实施约束、隔离措施等内容，并如实告知患者或者其监护人。患者及其监护人可以查阅、复制病历资料；但是，患者查阅、复制病历资料可能对其治疗产生不利影响的除外。病历资料保存期限不得少于三十年。

第四十八条

医疗机构不得因就诊者是精神障碍患者，推诿或者拒绝为其治疗属于本医疗机构诊疗范围的其他疾病。

第四十九条

精神障碍患者的监护人应当妥善看护未住院治疗的患者，按照医嘱督促其按时服药、接受随访或者治疗。村民委员会、居民委员会、患者所在单位等应当依患者或者其监护人的请求，对监护人看护患者提供必要的帮助。

第五十条

县级以上地方人民政府卫生行政部门应当定期就下列事项对本行政区域内从事精神障碍诊断、治疗的医疗机构进行检查：（1）相关人员、设施、设备是否符合本法要求；（2）诊疗行为是否符合本法以及诊断标准、治疗规范的规定；（3）对精神障碍患者实施住院治疗的程序是否符合本法规定；（4）是否依法维护精神障碍患者的合法权益。县级以上地方人民政府卫生行政部门进行前款规定的检查，应当听取精神障碍患者及其监护人的意见；发现存在违反本法行为的，应当立即制止或者责令改正，并依法作出处理。

第五十一条

心理治疗活动应当在医疗机构内开展。专门从事心理治疗的人员不得从事精神障碍的诊断,不得为精神障碍患者开具处方或者提供外科治疗。心理治疗的技术规范由国务院卫生行政部门制定。

第五十二条

监狱、强制隔离戒毒所等场所应当采取措施,保证患有精神障碍的服刑人员、强制隔离戒毒人员等获得治疗。

第五十三条

精神障碍患者违反治安管理处罚法或者触犯刑法的,依照有关法律的规定处理。

第四章　精神障碍的康复

第五十四条

社区康复机构应当为需要康复的精神障碍患者提供场所和条件,对患者进行生活自理能力和社会适应能力等方面的康复训练。

第五十五条

医疗机构应当为在家居住的严重精神障碍患者提供精神科基本药物维持治疗,并为社区康复机构提供有关精神障碍康复的技术指导和支持。社区卫生服务机构、乡镇卫生院、村卫生室应当建立严重精神障碍患者的健康档案,对在家居住的严重精神障碍患者进行定期随访,指导患者服药和开展康复训练,并对患者的监护人进行精神卫生知识和看护知识的培训。县级人民政府卫生行政部门应当为社区卫生服务机构、乡镇卫生院、村卫生室开展上述工作给予指导和培训。

第五十六条

村民委员会、居民委员会应当为生活困难的精神障碍患者家庭提供帮助,并向所在地乡镇人民政府或者街道办事处以及县级人民政府有关部门反映患者及其家庭的情况和要求,帮助其解决实际困难,为患者融入社会创造条件。

第五十七条

残疾人组织或者残疾人康复机构应当根据精神障碍患者康复的需要,组织患者参加康复活动。

第五十八条

用人单位应当根据精神障碍患者的实际情况,安排患者从事力所能及的工作,保障患者享有同等待遇,安排患者参加必要的职业技能培训,提高患者的就业能力,为患者创造适宜的工作环境,对患者在工作中取得的成绩予以鼓励。

第五十九条

精神障碍患者的监护人应当协助患者进行生活自理能力和社会适应能力等方面的康复训练。精神障碍患者的监护人在看护患者过程中需要技术指导的,社区卫生服务机构或者乡镇卫生院、村卫生室、社区康复机构应当提供。

第五章　保障措施

第六十条

县级以上人民政府卫生行政部门会同有关部门依据国民经济和社会发展规划的要求,制定精神卫生工作规划并组织实施。精神卫生监测和专题调查结果应当作为制定精神卫生工作规划的依据。

第六十一条

省、自治区、直辖市人民政府根据本行政区域的实际情况,统筹规划,整合资源,建设和完善精神卫生服务体系,加强精神障碍预防、治疗和康复服务能力建设。县级人民政府根据本行政区域的实际情况,统筹规划,建立精神障碍患者社区康复机构。县级以上地方人民政府应当采取措施,鼓励和支持社会力量举办从事精神障碍诊断、治疗的医疗机构和精神障碍患者康复机构。

第六十二条

各级人民政府应当根据精神卫生工作需要,加大财政投入力度,保障精神卫生工作所需经费,将精神卫生工作经费列入本级财政预算。

第六十三条

国家加强基层精神卫生服务体系建设,扶持贫困地区、边远地区的精神卫生工作,保障城市社区、农村基层精神卫生工作所需经费。

第六十四条

医学院校应当加强精神医学的教学和研究,按照精神卫生工作的实际需要培养精神医学专门人才,为精神卫生工作提供人才保障。

第六十五条

综合性医疗机构应当按照国务院卫生行政部门的规定开设精神科门诊或者心理治疗门诊,提高精神障碍预防、诊断、治疗能力。

第六十六条

医疗机构应当组织医务人员学习精神卫生知识和相关法律、法规、政策。从事精神障碍诊断、治疗、康复的机构应当定期组织医务人员、工作人员进行在岗培训,更新精神卫生知识。县级以上人民政府卫生行政部门应当组织医务人员进行精神卫生知识培训,提高其识别精神障碍的能力。

第六十七条

师范院校应当为学生开设精神卫生课程;医学院校应当为非精神医学专业的学生开设精神卫生课程。县级以上人民政府教育行政部门对教师进行上岗前和在岗培训,应当有精神卫生的内容,并定期组织心理健康教育教师、辅导人员进行专业培训。

第六十八条

县级以上人民政府卫生行政部门应当组织医疗机构为严重精神障碍患者免费提供基本公共卫生服务。精神障碍患者的医疗费用按照国家有关社会保险的规定由基本医疗保险基金支付。医疗保险经办机构应当按照国家有关规定将精神障碍患者纳入城镇职工基本医疗保险、城镇居民基本医疗保险或者新型农村合作医疗的保障范围。县级人民政府应当按照国家有关规定对家庭经济困难的严重精神障碍患者参加基本医疗保险给予资助。医疗保障、财政等部门应当加强协调，简化程序，实现属于基本医疗保险基金支付的医疗费用由医疗机构与医疗保险经办机构直接结算。精神障碍患者通过基本医疗保险支付医疗费用后仍有困难，或者不能通过基本医疗保险支付医疗费用的，医疗保障部门应当优先给予医疗救助。

第六十九条

对符合城乡最低生活保障条件的严重精神障碍患者，民政部门应当会同有关部门及时将其纳入最低生活保障。对属于农村五保供养对象的严重精神障碍患者，以及城市中无劳动能力、无生活来源且无法定赡养、抚养、扶养义务人，或者其法定赡养、抚养、扶养义务人无赡养、抚养、扶养能力的严重精神障碍患者，民政部门应当按照国家有关规定予以供养、救助。前两款规定以外的严重精神障碍患者确有困难的，民政部门可以采取临时救助等措施，帮助其解决生活困难。

第七十条

县级以上地方人民政府及其有关部门应当采取有效措施，保证患有精神障碍的适龄儿童、少年接受义务教育，扶持有劳动能力的精神障碍患者从事力所能及的劳动，并为已经康复的人员提供就业服务。国家对安排精神障碍患者就业的用人单位依法给予税收优惠，并在生产、经营、技术、资金、物资、场地等方面给予扶持。

第七十一条

精神卫生工作人员的人格尊严、人身安全不受侵犯，精神卫生工作人员依法履行职责受法律保护。全社会应当尊重精神卫生工作人员。县级以上人民政府及其有关部门、医疗机构、康复机构应当采取措施，加强对精神卫生工作人员的职业保护，提高精神卫生工作人员的待遇水平，并按照规定给予适当的津贴。精神卫生工作人员因工致伤、致残、死亡的，其工伤待遇以及抚恤按照国家有关规定执行。

第六章　法律责任

第七十二条

县级以上人民政府卫生行政部门和其他有关部门未依照本法规定履行精神卫生工作职责，或者滥用职权、玩忽职守、徇私舞弊的，由本级人民政府或者上一级人民政府有关部门责令改正，通报批评，对直接负责的主管人员和其他直接责任人员依法给予警告、记过或者记大过的处分；造成严重后果的，给予降级、撤职或者开除的处分。

第七十三条

不符合本法规定条件的医疗机构擅自从事精神障碍诊断、治疗的，由县级以上人民政府卫生行政部门责令停止相关诊疗活动，给予警告，并处五千元以上一万元以下罚款，有违法所得的，没收违法所得；对直接负责的主管人员和其他直接责任人员依法给予或者责令给予降低岗位等级或者撤职、开除的处分；对有关医务人员，吊销其执业证书。

第七十四条

医疗机构及其工作人员有下列行为之一的，由县级以上人民政府卫生行政部门责令改正，给予警告；情节严重的，对直接负责的主管人员和其他直接责任人员依法给予或者责令给予降低岗位等级或者撤职、开除的处分，并可以责令有关医务人员暂停一个月以上六个月以下执业活动：（1）拒绝对送诊的疑似精神障碍患者作出诊断的；（2）对依照本法第三十条第二款规定实施住院治疗的患者未及时进行检查评估或者未根据评估结果作出处理的。

第七十五条

医疗机构及其工作人员有下列行为之一的，由县级以上人民政府卫生行政部门责令改正，对直接负责的主管人员和其他直接责任人员依法给予或者责令给予降低岗位等级或者撤职的处分;对有关医务人员,暂停六个月以上一年以下执业活动;情节严重的,给予或者责令给予开除的处分,并吊销有关医务人员的执业证书:(1)违反本法规定实施约束、隔离等保护性医疗措施的;(2)违反本法规定,强迫精神障碍患者劳动的;(3)违反本法规定对精神障碍患者实施外科手术或者实验性临床医疗的;(4)违反本法规定,侵害精神障碍患者的通讯和会见探访者等权利的;(5)违反精神障碍诊断标准,将非精神障碍患者诊断为精神障碍患者的。

第七十六条

有下列情形之一的,由县级以上人民政府卫生行政部门、工商行政管理部门依据各自职责责令改正,给予警告,并处五千元以上一万元以下罚款,有违法所得的,没收违法所得;造成严重后果的,责令暂停六个月以上一年以下执业活动,直至吊销执业证书或者营业执照:(1)心理咨询人员从事心理治疗或者精神障碍的诊断、治疗的;(2)从事心理治疗的人员在医疗机构以外开展心理治疗活动的;(3)专门从事心理治疗的人员从事精神障碍的诊断的;(4)专门从事心理治疗的人员为精神障碍患者开具处方或者提供外科治疗的。心理咨询人员、专门从事心理治疗的人员在心理咨询、心理治疗活动中造成他人人身、财产或者其他损害的,依法承担民事责任。

第七十七条

有关单位和个人违反本法第四条第三款规定,给精神障碍患者造成损害的,依法承担赔偿责任;对单位直接负责的主管人员和其他直接责任人员,还应当依法给予处分。

第七十八条

违反本法规定,有下列情形之一,给精神障碍患者或者其他公民造成人身、财产或者其他损害的,依法承担赔偿责任:(1)将非精神障碍患者故意作为精神障碍患者送入医疗机构治疗的;(2)精神障碍患者的监护人遗弃患者,或者有不履行监护职责的其他情形的;(3)歧视、侮辱、虐待精神障碍患者,侵害患者的人格尊严、人身安全的;(4)非法限制精神障碍患者人身自由的;(5)其他侵害精神障碍患者合法权益的情形。

第七十九条

医疗机构出具的诊断结论表明精神障碍患者应当住院治疗而其监护人拒绝,致使患者造成他人人身、财产损害的,或者患者有其他造成他人人身、财产损害情形的,其监护人依法承担民事责任。

第八十条

在精神障碍的诊断、治疗、鉴定过程中,寻衅滋事,阻挠有关工作人员依照本法的规定履行职责,扰乱医疗机构、鉴定机构工作秩序的,依法给予治安管理处罚。违反本法规定,有其他构成违反治安管理行为的,依法给予治安管理处罚。

第八十一条

违反本法规定,构成犯罪的,依法追究刑事责任。

第八十二条

精神障碍患者或者其监护人、近亲属认为行政机关、医疗机构或者其他有关单位和个人违反本法规定侵害患者合法权益的,可以依法提起诉讼。

第七章 附 则

第八十三条

本法所称精神障碍,是指由各种原因引起的感知、情感和思维等精神活动的紊乱或者异常,导致患者明显的心理痛苦或者社会适应等功能损害。本法所称严重精神障碍,是指疾病症状严重,导致患者社会适应等功能严重损害、对自身健康状况或者客观现实不能完整认识,或者不能处理自身事务的精神障碍。本法所称精神障碍患者的监护人,是指依照民法通则的有关规定可以担任监护人的人。

第八十四条

军队的精神卫生工作,由国务院和中央军事委员会依据本法制定管理办法。

第八十五条

本法自 2013 年 5 月 1 日起施行。

附件4　中小学心理辅导室建设指南

本指南根据教育部《中小学心理健康教育指导纲要（2012年修订）》（教基一[2012]15号）的精神和国家有关中小学心理健康教育工作的基本要求制定。适用于全国中小学心理辅导室的建设、规范、管理与督导评估。

一、建设目标

心理辅导室建设应坚持立德树人，以促进学生健康发展为根本，心理辅导室软、硬件设施配置遵循中小学生身心发展特点和心理健康教育规律，重在提供心理辅导和心理健康服务。通过向学生提供发展性心理辅导和心理支持，提高全体学生的心理素质，培养他们积极乐观、健康向上的心理品质，促进学生身心和谐可持续发展，有效适应学校生活和社会公共生活，为他们快乐学习、健康成长和幸福生活奠定坚实基础。

二、功能定位

心理辅导室是心理健康教育教师开展个别辅导和团体辅导，帮助学生疏导与解决学习、生活、自我意识、情绪调适、人际交往和升学就业中出现的心理行为问题，排解心理困扰和防范心理障碍的专门场所，是学校开展心理健康教育工作的重要阵地。其主要功能是：

（1）开展团体心理辅导。关注全体学生的心理健康水平，提高全体学生的心理素质，开展面向全体学生的心理健康教育活动和团体心理辅导活动。

（2）进行个别心理辅导。对有心理困扰或心理问题的学生进行有效的个别辅导,提供有针对性的心理支持;或根据情况及时将其转介到相关专业心理咨询机构或心理诊治部门,并做好协同合作、回归保健和后续心理支持工作。

（3）监测心理健康状况。了解和监测全体师生的心理健康状况、特点和发展趋势,及时发现问题,有效监控、防范和应对各种突发事件,减小危机事件对师生的消极影响。

（4）营造心理健康环境。对有需要的教职工进行心理辅导和心理支持,提高其心理健康水平,营造积极、健康、和谐的育人环境。举办心理健康教育宣传活动,帮助家长了解和掌握孩子成长的特点、规律以及教育方法,协助家长共同解决孩子发展过程中的心理行为问题。利用学校心理健康教育资源服务社区,发挥学校心理健康教育的辐射作用。

三、基本设置

心理辅导室建设应坚持科学、实用原则,保证基本配置,满足心理健康教育工作科学有效开展,有条件的地方可以结合实际情况,拓展心理辅导室功能区域和相关配置。

（1）位置选择。心理辅导室应选择建在相对安静又方便进出的地方,尽量避开热闹、嘈杂区域。楼层不宜太高。

（2）环境要求。心理辅导室环境布置应充分考虑心理健康教育工作的特殊性和青少年身心发展特征,体现人性化设计和人文关怀,富于生机。心理辅导室可选择亲切、生动、贴近学生心理,易于学生接受的名称。室外可张贴轻松的欢迎标语,图示图标简明醒目。内部环境应温馨、整洁、舒适,以清新、淡雅、柔和的暖色调为主,合理运用色彩、灯光和装饰物,光线适中,自然光、灯光强度合理。个别辅导室要充分保障学生隐私性要求。

（3）基本配置。心理辅导室应设置个别辅导室、团体活动室和办公接待区等基本功能区域,有条件的学校也可单独设置心理测量区、放松室、自主自助活动区等心理健康教育拓展区域。心理辅导室的使用面积要与在校生人数相匹配。学校可结合心理健康教育工作的实际需要与学校其他场所共建共享,在不影响心理辅导各功能区基本功能的情况下,心理辅导室各功能区域也可以相互兼容。心理辅导室外应设有心理信箱。

区域基本配置个别辅导室面积要求 10—15 平方米 / 每间基本设施配有咨询椅或沙发,教师咨询椅或沙发与学生咨询椅或沙发成 90 度或 60 度摆放。可根据条件配备放松音乐、心理健康知识挂图、录音设备等。团体活动室面积要求 20 平方米以上 / 每间基本设施配有可移动桌椅、坐垫、多媒体设备。可根据条件配备团体心理辅导箱、游戏心理辅导包等。办公接待区面积要求 15 平方米以上基本设施配有电脑、打印机、电话、档案柜、期刊架、心理书籍等。其他拓展区域(依需要和条件建设)配备学生心理测评系统和心理健康自助系统等工具,沙盘类、绘画类辅助辅导器材,放松类、自助类器材等。

四、管理规范

(1)开放时间。心理辅导室定期对学生开放,可视学生数量和学校心理健康教育实际情况确定具体开放时间。原则上,学生在校期间每天均应开放,课间、课后等非上课时间应有一定时间向学生开放,并安排专人值班。

(2)人员配备。心理辅导室至少应配备一名专职或兼职心理健康教育教师,并逐步增大专职人员配比。专兼职教师原则上须具备心理学或相关专业本科学历,取得相关资格证书,经过岗前培训,具备心理辅导的基本理论、专业知识和操作技能,并定期接受一定数量的专业培训。心理健康教育教师享受班主任同等待遇。

(3)经费投入。学校应设立心理健康教育专项经费,纳入年度经费预算,保证心理辅导室工作正常开展。心理辅导室应免费为本校师生、家长提供心理辅导。

(4)成长记录。心理辅导室应为学生建立成长信息记录。一般包括学生的基本情况、家庭情况、心理状况、辅导记录等。辅导记录一般包括学生目前的心理状况、辅导的主要问题及问题的评估和鉴定,并有相应的分析、对策与辅导效果评价。学生成长信息记录、测评资料、信件、录音录像和其他资料,应在严格保密的情况下保存。心理辅导室应根据学生成长信息记录,有针对性地开展团体心理辅导或个别心理辅导。

（5）辅导伦理。心理健康教育教师应坚持育人为本,着力提高全体学生的心理素质;在学生出现价值偏差时,要突破"价值中立",帮助学生树立正确的世界观、人生观和价值观;在辅导过程中严格遵循保密原则,保护学生隐私,但在学生可能出现自伤、他伤等极端行为时,应突破保密原则,及时告知班主任及其监护人,并记录在案;谨慎使用心理测评量表或其他测试手段,并在学生及其监护人知情自愿基础上进行,禁止强迫学生接受心理测试,禁止给学生贴上"心理疾病"标签,禁止使用任何可能损害学生身心健康的仪器设备。

（6）危机干预。心理辅导室应建立心理危机干预机制。明确心理危机干预工作流程,出现危机事件时能够做到发现及时、处理得当,给予师生适当的心理干预,预防因心理危机引发的自伤、他伤等极端事件的发生。

（7）及时转介。心理辅导室应与相关心理诊治部门建立畅通、快速的转介渠道,对个别有严重心理疾病的学生,或发现其他需要转介的情况,能够识别并及时转介到相关心理诊治部门。转介过程记录详实,并建立跟踪反馈制度。

（8）加强研究。心理辅导室应定期组织教研活动、典型案例讨论、组织参加专家督导,定期开展心理健康普查和心理健康调查研究,不断提高心理辅导的科学性与实效性。

附件 5　中学教育专业认证标准

中学教育专业认证标准(第一级)

　　《中学教育专业认证标准(第一级)》是国家对中学教育专业办学的基本要求,主要依据国家教育法规和中学教师专业标准、教师教育课程标准制定。

　　本标准适用于普通高等学校培养中学教师的本科师范类专业。

维度		监测指标	参考标准
课程与教学	1	教师教育课程学分 [1]	必修课 ≥ 10 学分 总学分 ≥ 14 学分
	2	人文社会与科学素养课程学分占总学分比例	≥ 10%
	3	学科专业课程学分占总学分比例	≥ 50%
合作与实践	4	教育实践时间 [2]	≥ 18 周
	5	实习生数与教育实践基地数比例 [3][4]	≤ 20∶1
师资队伍	6	生师比 [5]	≤ 18∶1
	7	学科课程与教学论教师	有
	8	具有高级职称教师占专任教师比例 [8]	≥学校平均水平
	9	具有硕博士学位教师占专任教师比例 [9]	≥ 60%
	10	中学兼职教师占教师教育课程教师比例 [10]	≥ 20%
支持条件	11	教学日常运行支出占生均拨款总额与学费收入之和的比例 [11][12][13]	≥ 13%
	12	生均教学日常运行支出	≥学校平均水平
	13	生均教育实践经费 [14]	≥学校平均水平
	14	生均教育类纸质图书 [15]	≥ 30 册 每 6 个实习生配备中学学科教材 ≥ 1 套
	15	微格教学、语言技能、书写技能、学科实验教学实训室等教学设施	有

中学教育专业认证标准（第二级）

《中学教育专业认证标准（第二级）》是国家对中学教育专业教学质量的合格要求，主要依据国家教育法规和中学教师专业标准、教师教育课程标准制定。

本标准适用于普通高等学校培养中学教师的本科师范类专业。

一、培养目标

[目标定位] 培养目标应贯彻党的教育方针，面向国家、地区基础教育改革发展和教师队伍建设重大战略需求，落实国家教师教育相关政策要求，符合学校办学定位。

[目标内涵] 培养目标内容明确清晰，反映师范生毕业后5年左右在社会和专业领域的发展预期，体现专业特色，并能够为师范生、教师、教学管理人员及其他利益相关方所理解和认同。

[目标评价] 定期对培养目标的合理性进行评价，并能够根据评价结果对培养目标进行必要修订。评价和修订过程应有利益相关方参与。

二、毕业要求

专业应根据中学教师专业标准，制定明确、公开的毕业要求。毕业要求能够支撑培养目标，并在师范生培养全过程中分解落实。专业应通过评价证明毕业要求的达成。专业制定的毕业要求应涵盖以下内容：

[师德规范] 践行社会主义核心价值观，增进对中国特色社会主义的思想认同、政治认同、理论认同和情感认同。贯彻党的教育方针，以立德树人为己任。遵守中小学教师职业道德规范，

具有依法执教意识,立志成为有理想信念、有道德情操、有扎实学识、有仁爱之心的好老师。

[教育情怀] 具有从教意愿,认同教师工作的意义和专业性,具有积极的情感、端正的态度、正确的价值观。具有人文底蕴和科学精神,尊重学生人格,富有爱心、责任心,工作细心、耐心,做学生锤炼品格、学习知识、创新思维、奉献祖国的引路人。

[学科素养] 掌握所教学科的基本知识、基本原理和基本技能,理解学科知识体系基本思想和方法。了解所教学科与其他学科的联系,了解所教学科与社会实践的联系,对学习科学相关知识有一定的了解。

[教学能力] 在教育实践中,能够依据所教学科课程标准,针对中学生身心发展和学科认知特点,运用学科教学知识和信息技术,进行教学设计、实施和评价,获得教学体验,具备教学基本技能,具有初步的教学能力和一定的教学研究能力。

[班级指导] 树立德育为先理念,了解中学德育原理与方法。掌握班级组织与建设的工作规律和基本方法。能够在班主任工作实践中,参与德育和心理健康教育等教育活动的组织与指导,获得积极体验。

[综合育人] 了解中学生身心发展和养成教育规律。理解学科育人价值,能够有机结合学科教学进行育人活动。了解学校文化和教育活动的育人内涵和方法,参与组织主题教育和社团活动,对学生进行教育和引导。

[学会反思] 具有终身学习与专业发展意识。了解国内外基础教育改革发展动态,能够适应时代和教育发展需求,进行学习和职业生涯规划。初步掌握反思方法和技能,具有一定创新意识,运用批判性思维方法,学会分析和解决教育教学问题。

[沟通合作] 理解学习共同体的作用,具有团队协作精神,掌握沟通合作技能,具有小组互助和合作学习体验。

三、课程与教学

[课程设置] 课程设置应符合中学教师专业标准和教师教育课程标准要求，能够支撑毕业要求达成。

[课程结构] 课程结构体现通识教育、学科专业教育与教师教育有机结合；理论课程与实践课程、必修课与选修课设置合理。各类课程学分比例恰当，通识教育课程中的人文社会与科学素养课程学分不低于总学分的 10%，学科专业课程学分不低于总学分的 50%，教师教育课程达到教师教育课程标准规定的学分要求。

[课程内容] 课程内容注重基础性、科学性、实践性，把社会主义核心价值观、师德教育有机融入课程教学中。选用优秀教材，吸收学科前沿知识，引入课程改革和教育研究最新成果、优秀中学教育教学案例，并能够结合师范生学习状况及时更新、完善课程内容。

[课程实施] 重视课堂教学在培养过程中的基础作用。依据毕业要求制定课程目标和教学大纲，教学内容、教学方法、考核内容与方式应支持课程目标的实现。能够恰当运用案例教学、探究教学、现场教学等方式，合理应用信息技术，提高师范生学习效果。课堂教学、课外指导和课外学习的时间分配合理，技能训练课程实行小班教学，养成师范生自主学习能力和"三字一话"等从教基本功。

[课程评价] 定期评价课程体系的合理性和课程目标的达成度，并能够根据评价结果进行修订。评价与修订过程应有利益相关方参与。

四、合作与实践

[协同育人] 与地方教育行政部门和中学建立权责明晰、稳定协调、合作共赢的"三位一体"协同培养机制，基本形成教师培养、培训、研究和服务一体化的合作共同体。

[基地建设] 教育实践基地相对稳定,能够提供合适的教育实践环境和实习指导,满足师范生教育实践需求。每20个实习生不少于1个教育实践基地。

[实践教学] 实践教学体系完整,专业实践和教育实践有机结合。教育见习、教育实习、教育研习贯通,涵盖师德体验、教学实践、班级管理实践和教研实践等,并与其他教育环节有机衔接。教育实践时间累计不少于一学期。学校集中组织教育实习,保证师范生实习期间的上课时数。

[导师队伍] 实行高校教师与优秀中学教师共同指导教育实践的"双导师"制度。有遴选、培训、评价和支持教育实践指导教师的制度与措施。"双导师"数量充足,相对稳定,责权明确,有效履职。

[管理评价] 教育实践管理较为规范,能够对重点环节实施质量监控。实行教育实践评价与改进制度。依据相关标准,对教育实践表现进行有效评价。

五、师资队伍

[数量结构] 专任教师数量结构能够适应本专业教学和发展的需要,生师比不高于18:1,硕士、博士学位教师占比一般不低于60%,高级职称教师比例不低于学校平均水平,且为师范生上课。配足建强教师教育课程教师,其中学科课程与教学论教师原则上不少于2人。基础教育一线兼职教师素质良好、队伍稳定,占教师教育课程教师比例不低于20%。

[素质能力] 遵守高校教师职业道德规范,为人师表,言传身教;以生为本、以学定教,具有较强的课堂教学、信息技术应用和学习指导等教育教学能力;勤于思考,严谨治学,具有一定的学术水平和研究能力。具有职前养成和职后发展一体化指导能力,能够有效指导师范生发展与职业规划。师范生对本专业专任教师、兼职教师师德和教学具有较高的满意度。

[实践经历] 教师教育课程教师熟悉中学教师专业标准、教师教育课程标准和中学教育教学工作,至少有一年中学教育服务经历,其中学科课程与教学论教师具有指导、分析、解决中学教育教学实际问题的能力,并有一定的基础教育研究成果。

[持续发展] 制定并实施教师队伍建设规划。建立教师培训和实践研修制度。建立专业教研组织,定期开展教研活动。建立教师分类评价制度,合理制定学科课程与教学论等教师教育实践类课程教师评价标准,评价结果与绩效分配、职称评聘挂钩。探索高校和中学"协同教研""双向互聘""岗位互换"等共同发展机制。

六、支持条件

[经费保障] 专业建设经费满足师范生培养需求,教学日常运行支出占生均拨款总额与学费收入之和的比例不低于13%,生均教学日常运行支出不低于学校平均水平,生均教育实践经费支出不低于学校平均水平。教学设施设备和图书资料等更新经费有标准和预决算。

[设施保障] 教育教学设施满足师范生培养要求。建有中学教育专业教师职业技能实训平台,满足"三字一话"、微格教学、实验教学等实践教学需要。信息化教育设施能够适应师范生信息素养培养要求。建有教育教学设施管理、维护、更新和共享机制,方便师范生使用。

[资源保障] 专业教学资源满足师范生培养需要,数字化教学资源较为丰富,使用率较高。生均教育类纸质图书不少于30册。建有中学教材资源库和优秀中学教育教学案例库,其中现行中学课程标准和教材每6名实习生不少于1套。

七、质量保障

[保障体系] 建立教学质量保障体系,各主要教学环节有明确的质量要求。质量保障目标清晰,任务明确,机构健全,责任到人,能够有效支持毕业要求达成。

[内部监控] 建立教学过程质量常态化监控机制,定期对各主要教学环节质量实施监控与评价,保障毕业要求达成。

[外部评价] 建立毕业生跟踪反馈机制以及基础教育机构、教育行政部门等利益相关方参与的社会评价机制,对培养目标的达成度进行定期评价。

[持续改进] 定期对校内外的评价结果进行综合分析,能够有效使用分析结果,推动师范生培养质量持续改进和提高。

八、学生发展

[生源质量] 建立有效的制度措施,能够吸引志愿从教、素质良好的生源。

[学生需求] 了解师范生发展诉求,加强学情分析,设计兼顾共性要求与个性需求的培养方案与教学管理制度,为师范生发展提供空间。

[成长指导] 建立师范生指导与服务体系,加强思想政治教育,能够适时为师范生提供生活指导、学习指导、职业生涯指导、就业创业指导、心理健康指导等,满足师范生成长需求。

[学业监测] 建立形成性评价机制,监测师范生的学习进展情况,保证师范生在毕业时达到毕业要求。

[就业质量] 毕业生的初次就业率不低于本地区高校毕业生就业率的平均水平,获得教师资格证书的比例不低于75%[16],且主要从事教育工作。

[社会声誉] 毕业生社会声誉较好,用人单位满意度较高。

中学教育专业认证标准(第三级)

《中学教育专业认证标准(第三级)》是国家对中学教育专业教学质量的卓越要求,主要依据国家教育法规和中学教师专业标准、教师教育课程标准及教育部关于实施卓越教师培养计划的意见制定。本标准适用于普通高等学校培养中学教师的本科师范类专业。

一、培养目标

[目标定位] 培养目标应贯彻党的教育方针,面向国家、地区基础教育改革发展和教师队伍建设重大战略需求,落实国家教师教育相关政策要求,符合学校办学定位。

[目标内涵] 培养目标内容明确清晰,反映师范生毕业后5年左右在社会和专业领域的发展预期,体现专业特色和优势,并能够为师范生、教师、教学管理人员及其他利益相关方所理解和认同。

目标评价] 定期对培养目标的合理性进行评价,并能根据评价结果对培养目标进行必要修订。评价和修订过程应有利益相关方参与。

二、毕业要求

专业应根据中学教师专业标准,制定明确、公开的毕业要求。毕业要求能够支撑培养目标,并在师范生培养全过程中分解落实。专业应通过评价证明毕业要求的达成。专业制定的毕业要求应涵盖以下内容:

[师德规范] 践行社会主义核心价值观,增进对中国特色社会主义的思想认同、政治认同、理论认同和情感认同。贯彻党的教育方针,以立德树人为己任。遵守中小学教师职业道德规范,具有依法执教意识,立志成为有理想信念、有道德情操、有扎实学识、有仁爱之心的好老师。

[教育情怀] 具有从教意愿,认同教师工作的意义和专业性,具有积极的情感、端正的态度、正确的价值观。具有人文底蕴和科学精神,尊重学生人格,富有爱心、责任心、事业心,工作细心、耐心,做学生锤炼品格、学习知识、创新思维、奉献祖国的引路人。

[知识整合] 扎实掌握学科知识体系、思想与方法,重点理解和掌握学科核心素养内涵;了解跨学科知识;对学习科学相关知识能理解并初步运用,能整合形成学科教学知识。初步习得基于核心素养的学习指导方法和策略。

[教学能力] 理解教师是学生学习和发展的促进者。依据学科课程标准,在教育实践中,能够以学习者为中心,创设适合的学习环境,指导学习过程,进行学习评价。

[技术融合] 初步掌握应用信息技术优化学科课堂教学的方法技能,具有运用信息技术支持学习设计和转变学生学习方式的初步经验。

[班级指导] 树立德育为先理念。了解中学德育原理与方法,掌握班级组织与建设的工作规律与基本方法。掌握班集体建设、班级教育活动组织、学生发展指导、综合素质评价、与家长及社区沟通合作等班级常规工作要点。能够在班主任工作实践中,参与德育和心理健康教育等教育活动的组织与指导,获得积极体验。

[综合育人] 具有全程育人、立体育人意识,理解学科育人价值,了解学校文化和教育活动的育人内涵和方法。能够在教育实践中将知识学习、能力发展与品德养成相结合,自觉在学科教学中有机进行育人活动,积极参与组织主题教育和社团活动,对学生进行有效的教育和引导。

[自主学习] 具有终身学习与专业发展意识。了解专业发展核心内容和发展阶段路径，能够结合就业愿景制订自身学习和专业发展规划。养成自主学习习惯，具有自我管理能力。

[国际视野] 具有全球意识和开放心态，了解国外基础教育改革发展的趋势和前沿动态。积极参与国际教育交流。尝试借鉴国际先进教育理念和经验进行教育教学。

[反思研究] 理解教师是反思型实践者。运用批判性思维方法，养成从学生学习、课程教学、学科理解等不同角度反思分析问题的习惯。掌握教育实践研究的方法和指导学生科研的技能，具有一定的创新意识和教育教学研究能力。

[交流合作] 理解学习共同体的作用，具有团队协作精神，掌握沟通合作技能，积极开展小组互助和合作学习。

三、课程与教学

[课程设置] 课程设置应符合中学教师专业标准和教师教育课程标准要求，跟踪对接基础教育课程改革前沿，能够支撑毕业要求达成。

[课程结构] 课程结构体现通识教育、学科专业教育与教师教育深度融合，理论课程与实践课程、必修课与选修课设置合理。各类课程学分比例恰当，通识教育课程中的人文社会与科学素养课程学分不低于总学分的 10%，学科专业课程学分不低于总学分的 50%，教师教育课程达到教师教育课程标准规定的学分要求。

[课程内容] 课程内容注重基础性、科学性、综合性、实践性，把社会主义核心价值观、师德教育有机融入课程教学中。选用优秀教材，吸收学科前沿知识，引入课程改革和教育研究最新成果、优秀中学教育教学案例，并能够结合师范生学习状况及时更新、完善课程内容，形成促进师范生主体发展的多样性、特色化的课程文化。

[课程实施] 重视课堂教学在培养过程中的基础作用。依据毕业要求制定课程目标和教学大纲,教学内容、教学方法、考核内容与方式应支持课程目标的实现。注重师范生的主体参与和实践体验,注重以课堂教学、课外指导提升自主学习能力,注重应用信息技术推进教与学的改革。技能训练课程实行小班教学,形式多样,富有成效,师范生"三字一话"等从教基本功扎实。校园文化活动具有教师教育特色,有利于养成从教信念、专业素养与创新能力。

[课程评价] 定期评价课程体系的合理性和课程目标的达成度,并能够根据评价结果进行修订。评价与修订过程应有利益相关方参与。

四、合作与实践

[协同育人] 与地方教育行政部门和中学建立权责明晰、稳定协调、合作共赢的"三位一体"协同培养机制,协同制定培养目标、设计课程体系、建设课程资源、组织教学团队、建设实践基地、开展教学研究、评价培养质量,形成教师培养、培训、研究和服务一体化的合作共同体。

[基地建设] 建有长期稳定的教育实践基地。实践基地具有良好的校风,较强的师资力量、学科优势、管理优势、课程资源优势和教改实践优势。每20个实习生不少于1个教育实践基地,其中,示范性教育实践基地不少于三分之一。

[实践教学] 实践教学体系完整,专业实践和教育实践有机结合。教育见习、教育实习、教育研习递进贯通,涵盖师德体验、教学实践、班级管理实践和教研实践等,并与其他教育环节有机衔接。教育实践时间累计不少于一学期。学校集中组织教育实习,保证师范生实习期间的上课时数和上课类型。

[导师队伍] 实行高校教师与优秀中学教师共同指导教育实

践的"双导师"制度。有遴选、培训、评价和支持教育实践指导教师的制度与措施。"双导师"数量足,水平高,稳定性强,责权明确,协同育人,有效履职。

[管理评价] 教育实践管理规范,能够对全过程实施质量监控。严格实行教育实践评价与改进制度。具有教育实践标准,采取过程评价与成果考核评价相结合方式,对实践能力和教育教学反思能力进行科学有效评价。

五、师资队伍

[数量结构] 专任教师数量结构能够适应本专业教学和发展的需要,生师比不高于 16:1,硕士、博士学位教师占比不低于80%,高级职称教师比例高于学校平均水平,且为师范生上课、担任师范生导师。配足建强教师教育课程教师,其中学科课程与教学论教师原则上不少于 3 人,具有半年以上境外研修经历教师占教师教育课程教师比例不低于 20%。基础教育一线的兼职教师队伍稳定,占教师教育课程教师比例不低于 20%,原则上为省市级学科带头人、特级教师、高级教师,能深度参与师范生培养工作。

[素质能力] 遵守高校教师职业道德规范,为人师表,言传身教;以生为本、以学定教,具有突出的课堂教学、课程开发、信息技术应用和学习指导等教育教学能力;治学严谨,跟踪学科前沿,研究能力和创新能力较强。具有职前养成和职后发展一体化指导能力,能够有效指导师范生发展与职业规划。师范生对本专业专任教师、兼职教师师德和教学具有较高的满意度。

[实践经历] 教师教育课程教师熟悉中学教师专业标准、教师教育课程标准和中学教育教学工作,每五年至少有一年中学教育服务经历[18],能够指导中学教育教学工作,并有丰富的基础教育研究成果。

[持续发展] 制定并实施教师队伍建设规划。教师培训和实践研修机制完善；建立专业教研组织，定期开展教研活动。建立教师分类评价制度，合理制定学科课程与教学论等教师教育实践类课程教师评价标准，评价结果与绩效分配、职称评聘挂钩。高校和中学"协同教研""双向互聘""岗位互换"等共同发展机制健全、成效显著。

六、支持条件

[经费保障] 专业建设经费满足师范生培养需求，教学日常运行支出占生均拨款总额与学费收入之和的比例不低于15%，生均教学日常运行支出高于学校平均水平，生均教育实践经费支出高于学校平均水平。教学设施设备和图书资料等更新经费有标准和预决算。

[设施保障] 教育教学设施完备。建有中学教育专业教师职业技能实训平台和在线教学观摩指导平台，满足"三字一话"、微格教学、实验教学、远程见习等实践教学需要。信息化教育设施能够支撑专业教学改革与师范生学习方式转变。教育教学设施管理、维护、更新和共享机制顺畅，师范生使用便捷、充分。

[资源保障] 专业教学资源及数字化教学资源丰富，使用率高。教育类纸质图书充分满足师范生学习需要。建有中学教材资源库和优秀中学教育教学案例库，有国内外多种版本中学教材，其中现行中学课程标准和教材每6名实习生不少于1套。

七、质量保障

[保障体系] 建立完善的教学质量保障体系，各主要教学环节有清晰明确、科学合理的质量要求。质量保障目标清晰，任务明确，机构健全，责任到人，能够有效支持毕业要求达成。

[内部监控] 建立教学质量监控与评价机制并有效执行，运用信息技术对各主要教学环节质量实施全程监控与常态化评价，保障毕业要求达成。

[外部评价] 建立毕业生持续跟踪反馈机制以及基础教育机构、教育行政部门等利益相关方参与的多元社会评价机制，对培养目标的达成度进行定期评价。

[持续改进] 定期对校内外的评价结果进行综合分析，能够有效使用分析结果，推动师范生培养质量的持续改进和提高，形成追求卓越的质量文化。

八、学生发展

[生源质量] 建立符合教师教育特点的制度措施，能够吸引乐教、适教的优秀生源。

[学生需求] 充分了解师范生发展诉求，加强学情分析。设计兼顾共性要求与个性需求的培养方案与教学管理制度，鼓励跨院、跨校选修课程，为师范生的自主选择和发展提供足够的空间。

[成长指导] 建立完善的师范生指导与服务体系，加强思想政治教育，能够适时为师范生提供生活指导、学习指导、职业生涯指导、就业创业指导、心理健康指导等，满足师范生成长需求，并取得实效。

[学业监测] 建立形成性评价机制，对师范生在整个学习过程中的表现进行跟踪与评估，鼓励师范生自我监测和自我评价，及时形成指导意见和改进策略，保证师范生在毕业时达到毕业要求。

[就业质量] 毕业生的初次就业率不低于75%，获得教师资格证书的比例不低于85%，且主要从事教育工作。

[社会声誉] 毕业生社会声誉好,用人单位满意度高。

[持续支持] 对毕业生进行跟踪服务,了解毕业生专业发展需求,为毕业生提供持续学习的机会和平台。

参考文献

著作

[1] 傅道春 . 教师的成长与发展 [M] . 北京：教育科学出版社，2001.

[2] 贾晓波，李慧生，封毓中，等 . 心理健康教育与教师心理素质 [M]. 北京：中国和平出版社，2007.

[3] 教育部师范教育司 . 教师专业发展理论与实践 [M]. 北京：人民教育出版社，2003.

[4] 李莉 . 聆听拔节的声音 [M]. 北京：中国社会科学出版社，2015.

[5] 刘义兵 . 教师专业发展 [M]. 北京：高等教育出版社，2017.

[6] 钱建国 . 大学生职业规划与就业指导 [M] . 北京：人民出版社，2007.

[7] 王枬 . 教师印迹：课堂生活的叙事研究 [M]. 北京：教育科学出版社，2008.

[8] 杨文，宋吉美 . 一个农村家庭式幼儿园园长办园经历的叙事研究 [M]. 上海：华东师范大学出版社，2014.

论文

[1] 查明华 . 专业认证背景下普通高等学校师范类专业的重建 [J]. 文山学院学报，2018，31（06）.

[2] 车爱玲 . 中小学心理健康教育师资队伍现状与思考 [J].

晋中学院学报，2019，36（01）.

[3]陈庆华，黄孝玉.中小学心理教师专业发展环境的审视与重建[J].兰州教育学院学报，2018,34（1）.

[4]陈庆华，姚本先,等.众筹学习：中小学心理教师专业成长的一种路径选择[J].合肥师范学院学报，2017,35（2）.

[5]陈晓芳.中小学心理健康教育教师的入职适应[J].中小学心理健康教育，2018,（12）.

[6]陈彦宏.从教师专业发展探析心理健康教育教师的职业幸福感[J].太原城市职业技术学院学报，2017,（1）.

[7]陈志英.自主—合作学习：师范生教学技能培养模式实践探索——以"心理健康教育教学法"课程为例[J].教育与教学研究，2017,31（10）.

[8]邓林园，梁洁姗，李蓓蕾,等.中小学心理健康教育现状：心理教师与学校管理者的不同视角[J].教师教育研究，2018,178（04）.

[9]冯玉梅.教师专业发展视域下学前师范生职业生涯发展规划研究[J].科教导刊，2019,（15）.

[10]傅绿茵.初中心理活动课的有效评价[J].江苏教育，2017,（96）.

[11]葛薇薇.新时代教育背景下小学教师的素质培养[J].当代教育实践与教学研究，2019,（6）.

[12]郭钿钿.突显特色,拒当"四不像"教师——论心理健康教育教师的专业化[J].中小学心理健康教育，2019,394（11）.

[13]何美娟.中小学心理健康教育存在的问题及对策[J].西部素质教育，2018,4（21）.

[14]何妍,社会心理服务：学校心理健康教育的立场与方法——访教育部中小学心理健康教育专家指导委员会秘书长俞国良教授[J].中小学心理健康教育，2018,（18）.

[15]胡春梅，何华敏.中小学心理健康教育教师"二维一体"培养策略探微[J].中小学心理健康教育，2018,369（22）.

[16] 黄静，杨琳．论中小学心理健康教师的专业化发展 [J]．戏剧之家，2018，278（14）．

[17] 黄仁辉．联动教研：让心理教师专业发展驶入快车道 [J]．中小学心理健康教育，2017，（36）．

[18] 黄喜珊，郑希付，于洪，等．中小学心理健康教育的师资建设现状及展望 [J]．中小学心理健康教育，2018，（9）．

[19] 黄志伟．教师素养、行为、人格对学生心理健康影响的研究 [J]．福建基础教育研究，2010，（11）．

[20] 江东峰，申邦秀．农村中学心理健康教育模式的初步研究 [J]．校园心理，2018，16（03）．

[21] 康钊，万龙．心理健康教育教师专业发展的困境与出路 [J]．教师教育研究，2017，29（3）．

[22] 康钊，曾华．农村中小学心理辅导教师专业发展问题及对策 [J]．教育观察（下半月），2018，7（2）．

[23] 孔令豪．中小学心理健康教育政策执行的失真现象及其对策 [J]．中国农村教育，2019，298（12）．

[24] 李玥茗．中学生心理健康教育对学习效果的作用研究 [J]．赤子（上中旬），2016，（23）．

[25] 李志军．核心素养视域的健全人格培育 [J]．中学政治教学参考，2018，708（30）．

[26] 林惠，薛路芳，卓德婷，等．中小学心理健康教育工作体系的建设及探索 [J]．中小学心理健康教育，2018，375（28）．

[27] 刘阿涛．青年教师需要不一样的培训 [J]．教学与管理，2018，（29）．

[28] 刘丽群．乡村教师如何"下得去"和"留得住"：美国经验与中国启示 [J]．教师教育研究，2019，31（1）．

[29] 刘敏．中小学心理教师身份认同研究 [D]．扬州：扬州大学，2018．

[30] 吕霞梅．中小学心理健康教育存在的问题及其策略研究 [J]．学周刊，2019，（20）．

[31] 马境，王纬虹．对中小学心理健康教育课的思考 [J]．中小学心理健康教育，2018，354（7）．

[32] 孟攀，胡克祖．国内新手型教师与专家型教师比较研究综述 [J]．萍乡高等专科学校学报，2012，29（2）．

[33] 明秀兰．心理游戏助力政治课教学 [J]．中学政治教学参考，2018，709（31）．

[34] 牟军，郑延菊，朱声明．学校心理健康教育教师专业发展途径初探 [J]．中小学心理健康教育，2019，384（01）．

[35] 穆可辉．专业 本质 实效——观摩安徽省心理健康教育优质课评选的几点思考 [J]．中小学心理健康教育，2015，（18）．

[36] 裴娜．浅议中小学心理健康教育教师的专业发展 ——以吉林省为例 [J]．吉林省教育学院学报，2016，32（8）．

[37] 裴娜．中小学心理健康教育典型问题研究 [J]．教学与管理，2018，（1）．

[38] 任峰．中小学心理健康教育存在的问题及其策略 [J]．西部素质教育，2018，4（14）．

[39] 史琦琪．生涯发展视域下的高校学生个性化就业指导分析 [J]．智库时代，2019，（40）．

[40] 王钢．教育研究视角下的叙事探究方法评析 [J]．语言政策与语言教育，2019，（1）．

[41] 王恒，王成龙，靳伟．特岗教师从教动机类型研究——基于全国特岗教师抽样调查数据的潜类别分析 [J]．教师教育研究，2019，31（01）．

[42] 王娜．四川省中小学心理健康教师专业发展现状研究 [D]．四川：四川师范大学，2015．

[43] 王艳．心理健康教育活动课之"起—承—转—合"——有感于全国心理赛课一等奖课例《我和绰号面对面》[J]．教育科学论坛，2016，（17）．

[44] 韦雨，丁尧，赵磊．正念训练：中小学心理健康教育的新视角 [J]．中小学心理健康教育，2018，（10）．

[45] 夏江东 . 中小学心理健康教育课实施的现状、问题与发展趋势 [J]. 中小学心理健康教育，2018，372（25）．

[46] 向祖强，张积家 . 心理健康教育教师的有效工作技能：基于生态文化的考察 [J]. 教育研究，2018，39（07）．

[47] 徐蒙蒙 . 大学师范生职业生涯规划教育必要性研究 [J]. 大众文艺，2019，（16）．

[48] 许秀芬 . 中小学心理健康教育存在的问题与对策 [J]. 中学政治教学参考，2013，（27）．

[49] 杨红 . 小学心理健康教育活动课的"五重"与"五轻"——浅谈心理健康教育活动课的操作性原则 [J]. 中小学心理健康教育，2017，312（1）．

[50] 杨静，余懋炯，陈江玲，张慧娟，王刚 . 中小学教师心理健康教育知识掌握的提升途径探索 [C]// 教师教学能力发展研究科研成果集（第十五卷）．

[51] 姚坤，施聪莺，邓铸 . 江苏省中小学校心理健康教育现状调查研究 [J]. 吉林省教育学院学报，2018，34（2）．

[52] 姚黎 . 道德与法治课生命教育路径探索——以"生命可以永恒吗"为例 [J]. 中学政治教学参考，2018，707（29）．

[53] 于秀丽 . 浅谈职业生涯规划对高校毕业生就业过程的影响 [J]. 现代营销（信息版），2019，（11）．

[54] 余欣欣，姚璎珊，韦佳纪 . 论积极心理学视野下校园文化建设在农村中小学心理健康教育中的作用 [J]. 广西师范大学学报（哲学社会科学版），2019，55（02）．

[55] 岳爱峰 . 中小学心理教师队伍现状的调查与思考 [J]. 校园心理，2018，16（04）．

[56] 张环 . 基于自我导向学习理论的中小学心理教师专业发展研究 [J]. 中小学心理健康教育，2018，354（7）．

[57] 张可，杨萌 . "互联网＋"背景下高校心理健康教育教师的专业发展 [J]. 中国成人教育，2018，（02）．

参考文献

[58] 赵双.中小学心理健康教育教师专业化发展存在的问题及对策 [J].西部素质教育,2019,5（08）.

[59] 赵志敏.河南省农村中小学心理健康教育教师专业发展研究 [D].郑州:郑州大学,2018.

[60] 周春君.浅谈中小学教师应该具备的"心"素养 [J].中小学心理健康教育,2018,（11）.

[61] 周乐泓.中小学心理健康教育教师专业发展的个案研究 [J].南方论刊,2019,332（05）.

[62] 朱敏,高湘萍.教师专业发展的自我心理结构模型研究 [J].教师教育研究,2017,29（1）.